普通高等教育"十四五"规划教材

21世纪职业教育规划教材·汽车系列

动力电池及管理系统检修

主　编　◎孙凤霞　韩卫东

副主编　◎张恩威　霍　峰

参　编　◎谢彦平　常　健　黄凤阁　方丁辉

主　审　◎高建森

北京大学出版社

PEKING UNIVERSITY PRESS

图书在版编目(CIP)数据

动力电池及管理系统检修 / 孙凤霞，韩卫东主编. ——北京：北京大学出版社，2025.8.
(21世纪职业教育规划教材). —— ISBN 978-7-301-36354-6

Ⅰ. U469.720.7；TM91

中国国家版本馆CIP数据核字第2025AE0534号

书　　　名	动力电池及管理系统检修	
	DONGLI DIANCHI JI GUANLIXITONG JIANXIU	
著作责任者	孙凤霞　韩卫东　主编	
责 任 编 辑	周　丹	
标 准 书 号	ISBN 978-7-301-36354-6	
出 版 发 行	北京大学出版社	
地　　　址	北京市海淀区成府路205号　100871	
网　　　址	http://www.pup.cn　新浪微博：@北京大学出版社	
电 子 邮 箱	编辑部zyjy@pup.cn　总编室zpup@pup.cn	
电　　　话	邮购部010-62752015　发行部010-62750672　编辑部010-62704142	
印 刷 者	北京鑫海金澳胶印有限公司	
经 销 者	新华书店	
	787毫米×1092毫米　16开本　9.75印张　231千字	
	2025年8月第1版　2025年8月第1次印刷	
定　　　价	39.00元	

前　言

一、教材开发背景

党的二十大报告指出："统筹职业教育、高等教育、继续教育协同创新，推进职普融通、产教融合、科教融汇，优化职业教育类型定位。"这是以习近平同志为核心的党中央全面部署"实施科教兴国战略，强化现代化建设人才支撑"的重点举措，对开拓职业教育、高等教育、继续教育可持续发展新局面具有非常重要的指导意义。坚持产教融合、工学结合，健全终身职业技能培训制度、大规模开展职业技能培训是培养新能源汽车领域高素质劳动者、高技能人才、能工巧匠和大国工匠的重要途径。

党的二十大报告强调："积极稳妥推进碳达峰碳中和。""立足我国能源资源禀赋，坚持先立后破，有计划分步骤实施碳达峰行动。""深入推进能源革命，加强煤炭清洁高效利用……加快规划建设新型能源体系……确保能源安全。""积极参与应对气候变化全球治理。"新能源汽车产业是我国制造业低碳转型的重要领域。2022年8月，工业和信息化部发展改革委、生态环境部发布的《工业领域碳达峰实施方案》提出："大力推广节能与新能源汽车，强化整车集成技术创新，提高新能源汽车产业集中度。提高城市公交、出租汽车、邮政快递、环卫、城市物流配送等领域新能源汽车比例，提升新能源汽车个人消费比例。开展电动重卡、氢燃料汽车研发及示范应用。加快充电桩建设及换电模式创新，构建便利高效适度超前的充电网络体系。对标国际领先标准，制修订汽车节能减排标准。到2030年，当年新增新能源、清洁能源动力的交通工具比例达到40%左右……"截至2025年4月，我国新能源汽车的渗透率已经超过50%。

中国汽车工业协会数据显示，2024年中国新能源汽车销量为1286.6万辆，同比增长35.5%。其中，国内市场销量1158.2万辆，同比增长39.7%；出口销量128.4万辆，同比增长6.7%。新能源汽车产业的飞速发展带来了人才紧缺的问题，据2016年12月我国发布的《制造业人才发展规划指南》预测，到2025年，节能与新能源汽车产业人才需求总量为120万人，人才缺口高达100万以上。为缓解新能源汽车领域人才紧缺的情况，职业院校纷纷开设新能源汽车相关专业，本教材为促进新能源汽车专业建设及人才培养而开发。

二、教材特色

本教材将"以项目为引领、以任务为驱动、以学生为中心"作为编写理念，在调研新能源汽车产业人才职业岗位能力需求、职业技能等级证书标准及职业技能大赛考核要素的基础上，提炼出职业岗位典型工作任务，进而创设真实的工作情景，引入企业真实生产任务，进行职业教学规律化设计，以有利于产教融合背景下学生职业能力的培养。

本教材采用新形态编写模式，以二维码形式配备了操作视频、微课等数字资源，有利于教师开展混合式线上、线下教学。项目目标和学习内容中融入思政元素，始终坚持为党育人、为国育才。本教材采用项目化教学模式，并将吉利、比亚迪等新能源汽车领军企业的新技术、新标准、新工艺融入项目内容中。

三、教学内容

全书分为动力电池的认知、锂离子电池的检测维修、其他动力电池的检测维修、动力电池管理系统检测维修、动力电池的能量补充五个项目，每个项目的教学时间安排如下表所示。

学习内容与参考学时表

项目内容	理论学时	实践学时	线上学习	总学时
项目一、动力电池的认知	3	2	1	6
项目二、锂离子电池的检测维修	4	7	1	12
项目三、其他动力电池的检测维修	3	6	1	10
项目四、动力电池管理系统检测维修	4	7	1	12
项目五、动力电池的能量补充	3	4	1	8
总计	17	26	5	48

四、编写分工

本教材由黑龙江农业工程职业学院孙凤霞、韩卫东担任主编，黑龙江旅游职业技术学院张恩威、黑龙江农业工程职业学院霍峰担任副主编，杭州吉利汽车有限公司高建森担任主审。孙凤霞编写项目一和项目四，张恩威编写项目二，霍峰编写项目三，韩卫东编写项目五。黑龙江农业工程职业学院谢彦平参与编写项目一中的任务三，黑龙江农业工程职业学院黄凤阁编写项目一任务三中的任务实施、项目二任务三中的任务实施及全书所有项目习题，吉利汽车研究院（宁波）有限公司常健参与编写项目二任务三中的任务资讯，杭州吉利汽车有限公司方丁辉参与编写项目四任务三中的任务资讯。

由于编者水平和时间所限，疏漏之处在所难免，欢迎广大读者批评指正。

编　者

2025年2月

本书配套资源

本二维码内包含的测试题目、微课视频等内容，将会定期进行更新。敬请保持关注，以便及时获取最新信息。

读者扫描右侧二维码，即可获取上述资源。

一书一码，相关资源仅供一个人使用，二次扫码将无法获取资源。

动力电池及管理系统检修
请刮开后扫描获取本书资源

本码2030年12月31日前有效

本教材配有教学课件或其他相关教学资源，如有老师需要，可扫描右侧二维码关注"北大出版社创新大学堂"(zyjy-pku)微信公众号索取。

· 课件申请
· 样书申请
· 教学服务
· 编读往来

目　　录

项目一

动力电池的认知

知识体系

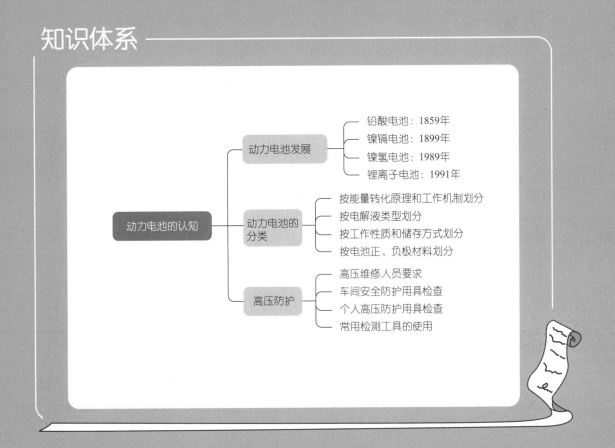

📝 **项目导入** ────────────────────────────

场景：某校新能源汽车实训中心。

人物：学生、教师。

情节：学生已经学习了新能源汽车概论，对新能源汽车的基础知识有了一定的认知，但是对动力电池的发展、分类等还不了解，需要继续学习。

📝 **项目目标** ────────────────────────────

◎ **知识目标**

（1）了解新能源汽车动力电池的发展阶段。

（2）掌握新能源汽车动力电池的分类方式及对应类型。

（3）掌握新能源汽车维修作业中高压安全防护的注意事项。

◎ **能力目标**

（1）能辨别出新能源汽车动力电池的类型。

（2）能做好新能源汽车维修作业中高压安全防护工作。

（3）能完成动力电池单体的电压测量。

◎ **素质目标**

（1）培养学生互相交流、相互沟通的团队合作意识。

（2）培养学生查找资料、自主学习的能力。

（3）培养学生一丝不苟的工作作风和安全防护意识。

任务一　动力电池发展

📝 **任务资讯** ────────────────────────────

汽车电池的发展经历了几个重要阶段，主要包括铅酸电池阶段、镍镉电池阶段、镍氢电池阶段、锂离子电池阶段，出现的电池类型主要有铅酸电池、镍镉电池、镍氢电池，以及目前广泛使用的锂离子电池。

一、铅酸电池

1859年，法国物理学家加斯顿·普兰特（Gaston Planté）发明了可充电铅酸电池，这种电池能提供12 V的电压，并且可以充电循环使用。这是世界上第一块具有实用价值的铅酸电池，为汽车的用电创造了条件，具有深远的意义。铅酸电池因其价格低廉、原材料易于获得、可靠性高、适应大电流放电及环境温度适应范围广泛等优点，在化学电源中一直占有绝对优势。加斯顿·普兰特的这项发明被广泛应用于车载蓄电池、早期电动车等领域，并且至今仍在持续发展和应用。

铅酸电池可以在使用一段时间后，通过反向电流使电压回升，从而实现重复使用。1881年，第一辆以铅酸电池作为动力的三轮车诞生；1884年，第一辆以铅酸电池作为动力的实用电动汽车问世。不过，铅酸电池存在体积大、质量大、能量密度低、功率密度低等问题，如果使用铅酸电池驱动家用汽车行驶200 km以上，需要将近1吨的电池，实用性要求无法满足，加上早期电力传动系统的制造成本过高等问题，最终铅酸电池没有流行起来。

现在，铅酸电池主要用于启动内燃机，提供此时所需要的高电流。在发电机供电发生故障时，铅酸电池作为备用电源，能确保汽车电气系统继续运行。在发动机关闭时，铅酸电池能为汽车的电气系统供电，包括点火、照明、支持娱乐系统等。由于能量密度低，虽然铅酸电池不适合长续航里程需求，但在新能源汽车中，铅酸电池仍然扮演着重要角色，作为辅助电源为低压电子设备提供电力。

二、镍镉电池

1899年，瑞典科学家沃尔德马·尤格尔（Waldemar Jungner）发明了镍镉电池。镍镉电池是一种碱性蓄电池，其正极板材料为氢氧化镍，负极板材料为镉，电解质是氢氧化钾溶液或氢氧化钠溶液。镍镉电池具有良好的大电流放电特性，耐过充放电能力强、维护简单，可重复充放电500次以上，经济耐用。镍镉电池在长时间放置后性能不会劣化，充完电后可恢复特性，并且可在较广的温度范围内使用。20世纪90年代，在欧洲的电动汽车发展历史中，标致106车型采用了镍镉电池作为其动力源。

镍镉电池存在充电记忆效应，如果电池在充电前电量没有被完全耗尽，长期如此，将会引起电池容量的降低。同时，镉是一种有毒的重金属，对环境和人体健康存在潜在风险，废弃的镍镉电池需要进行回收处理，以防止造成环境污染。镍镉电池虽然具有一些显著的优点，但由于其环境污染风险和充电记忆效应，已逐渐被更安全、更环保的电池技术（如镍氢电池和锂离子电池）所取代，但镍镉电池在电池技术发展史上仍具有重要意义。

三、镍氢电池

1989年，第一款商业镍氢电池问世，相较于镍镉电池，镍氢电池提高了能量密度，并且减少了污染。镍氢电池在20世纪70年代由美国斯坦福大学的研究人员发明，具有高能量密度、高功率密度等优点，曾被广泛应用于电动汽车、储能系统等领域。

镍氢电池的能量密度、充放电次数相较于铅酸电池有提升，电解液不可燃，安全性有保障，制造工艺成熟。但镍氢电池充电效率一般，有充电记忆效应，工作电压较低，并不适宜作为汽车的单一动力源，适合用于辅助发动机工作。

1997年，首先使用高功率镍氢电池的普锐斯混合动力汽车在日本上市。直到今天，日本丰田公司的一些混动车型仍然在使用镍氢电池。镍氢电池具有循环稳定性高、生产成本低、低温性能好、回收价值高等优点。因为混动汽车不存在续航问题，且早期的镍氢电池安全性也很高，因此混动汽车能在市场上站稳脚跟。但是镍氢电池的缺点也比较明显，充电循环次数不太高，因此，纯电驱动的车辆采用镍氢电池并不合适。

四、锂离子电池

1991年，日本索尼公司将锂离子电池商业化，开启了锂离子电池在新能源汽车上应用的先河，引起了广泛的关注。后来锂离子电池因其高能量密度、长循环寿命、高效率等优点，在汽车上的应用逐渐增多。日产汽车（Nissan）在1996年推出的Prairie Joy纯电动汽车是全球第一辆装配锂离子电池的电动车。特斯拉跑车（Tesla Roadster）在2008年首次交付给客户，这款车是首辆合法生产的使用锂离子电池的纯电动汽车，标志着锂离子电池技术在汽车领域的商业化应用。

锂离子电池在汽车上的应用也推动了动力电池技术的不断进步。近年来推出的电动汽车产品绝大多数采用锂离子电池，形成了钴酸锂、锰酸锂、磷酸铁锂、三元锂为主的电动汽车锂离子动力电池应用体系。不过锂离子电池也存在一些缺点，如受气温的影响较大、冬季续航里程会明显下降，并且锂离子电池存在老化效应，即使在不使用的情况下也会逐渐老化，影响了电池整体的耐用性。

此外，还有一些正在发展中的电池技术，如氢燃料电池、石墨烯电池、固态锂电池等。随着科技的不断进步，汽车电池技术也在持续发展和改进，以满足人们对新能源汽车更高性能、更长续航里程、更安全和更低成本等方面的需求。

任务二　动力电池的分类

📝 任务资讯

汽车动力电池的分类方法较多，本任务主要从能量转化原理和工作机制，电解液，工作性质和储存方式，电池正、负极材料这几个方面进行分类。

一、按能量转化原理和工作机制划分

按能量转化原理和工作机制的不同划分，汽车动力电池主要分为以下几类。

1. 物理电池

物理电池是指通过物理变化来实现能量的存储和释放的电池，如能够利用光、热、物理吸附等物理能量发电的电池有太阳能电池、飞轮电池等。太阳能电池是一种将太阳光能转换为电能的装置，工作原理基于光电效应。太阳能电池的使用需要配备光伏控制器和蓄电池，以组成太阳能电源系统。光伏控制器具有过充、过放保护等功能，能有效保护蓄电池，蓄电池用于储存电能。飞轮电池是一种利用旋转的飞轮来存储能量的机械式储能装置。

2. 生物电池

生物电池是指利用生物体内的化学反应或生物活性物质来产生电能的电能，如微生物燃料电池（MFC）和酶生物燃料电池（EBC）。微生物燃料电池是一种将化学能转换为电能的装置，它利用微生物作为催化剂，通过氧化还原反应来产生电流。尽管微生物燃料电池具有巨大的潜力，但目前仍面临一些挑战，如如何提高能量转换效率、如何降低成本、如何增强长期稳定性等。酶生物燃料电池是一种利用酶作为生物催化剂，将化学能转换为电能的装置，它们具有高专一性和催化性能，能够催化与氧化还原反应有关的燃料并获得电能。

3. 核电池

核电池是一种利用放射性同位素衰变时释放的能量转换为电能的装置。它们的工作原理是基于放射性同位素衰变时发射的粒子（如α粒子、β粒子）的能量或电荷引起的热效应、光效应或电离作用，进而产生电能。核电池的主要优点包括：长循环寿命、高能量密度、强抗干扰性、稳定可靠，能够在极端环境中工作。

4. 化学电源

化学电源是指通过化学物质之间的氧化还原反应来实现电能的产生和存储的电池，如常见的铅酸电池、锂离子电池等。其中，锂离子电池是目前新能源汽车中应用最广泛的电池类型之一，具有高能量密度、长循环寿命和重量较轻等优点。锂离子电池的技术不断进步，已成为新能源汽车的主流动力源。锂离子电池适用于纯电动汽车和插电式混合动力汽车，能够提供较长的续航里程和较高的动力性能。

二、按电解液划分

按电解液的不同划分，汽车电池主要分为以下几类。

1. 碱性电池

碱性电池是指电解质主要以氢氧化钾水溶液为主的电池，如碱性锌锰电池（俗称碱锰电池或碱性电池）、镍镉电池、镍氢电池等。其中，镍氢电池是一种常见的新能源汽车电池类型，具有较高的安全性，对环境影响较小。相较于锂离子电池，镍氢电池的能量密度较低，但具有更长的使用寿命和更好的循环稳定性。镍氢电池通常应用于混合动力汽车和早期的部分纯电动汽车中，能为汽车提供可靠的动力支持。

2. 酸性电池

酸性电池也称酸性蓄电池,是一种以酸性电解液作为电解质的电池。这类电池的工作原理基于电化学反应,其中酸性电解液通常是由硫酸溶液构成。在酸性电池中,正、负极材料的化学反应能够产生电流。铅酸电池是酸性电池中最常见的一种,正极材料为二氧化铅,负极材料为铅。在放电过程中,正、负极材料与硫酸溶液反应生成硫酸铅;而在充电过程中,硫酸铅又被还原成原来的二氧化铅和纯铅。铅酸电池广泛应用于汽车启动、照明和电气系统中作为储能设备。

3. 中性电池

中性电池通常是指电解质为中性或接近中性的电池,这类电池在电解质的选择上不同于碱性电池或酸性电池。中性电池的电解质通常为盐溶液,如锌锰电池和海水电池。中性电池的优点包括:对环境友好、成本较低,以及在某些情况下可能具有较长的循环寿命。

4. 有机电解液电池

有机电解液电池是指使用有机电解液作为电解质的电池体系,主要以有机溶液为介质,如锂电池、锂离子电池。这类电池的核心组成部分包括有机溶剂、锂盐和添加剂。有机电解液在电池中起到传导锂离子的作用,锂离子在电池充放电过程中穿梭于正、负极之间,实现能量的存储与释放。有机电解液是锂离子电池具有高压、高比能等优点的重要保证。

三、按工作性质和储存方式划分

按工作性质和储存方式的不同划分,汽车电池主要分为以下几类。

1. 一次电池

一次电池又称原电池,即不能再充电的电池,是指那些在设计和制造时就设定为一次性使用的电池,放电后不能通过充电的方式恢复电量,如碱性电池、锌锰电池等。它们通常用于一次性使用的应用场景,包括家用电子产品、医疗设备、军事和航天设备、便携式设备等,使用后即被丢弃或回收。

2. 二次电池

二次电池又称蓄电池,这类电池可以通过充电的方式恢复电量,实现多次循环使用。相较于一次电池,二次电池具有更高的能源利用效率和经济性。随着全球能源结构的转型和对可持续能源需求的增长,二次电池行业在近年来得到了迅猛发展,如锂离子电池、镍氢电池、铅酸电池等在电动汽车和储能系统中得到广泛应用。

3. 燃料电池

燃料电池是指一种将化学能直接转换成电能的装置,通过连续供给燃料和氧化剂,进而产生电能。燃料电池具有高效率、低污染的特点。燃料电池的工作原理是:利用正极和负极之间的氧化还原反应，通过电解质传导离子来产生电流。燃料电池不存储能量，而是一个能量转换器，更像是一个发电机。燃料电池在商用车领域有应用，如氢氧燃料电池等。我国在燃料电池技术方面取得了显著进展，《氢能产业发展中长期规划（2021—2035年）》中指出，预计到2025年燃料电池汽车保有量将达到5万辆，可再生能源制氢量达到10～20万吨/年。这表明燃料电池在我国的发展前景十分广阔。

4. 储备电池

储备电池又称激活电池，这类电池的正、负极活性物质和电解液不直接接触，保持惰性状态，使用前临时注入电解液或用其他方法激活，使得储备电池可以在需要时迅速激活并投入使用。这种电池具有较长的储存寿命和较低的自放电率，储备电池的种类包括海水激活的Mg-AgCl电池、电解液激活的Zn-Ag$_2$O储备电池、热激活的Ca/LiCl-KCl/WO$_3$和Ca/LiCl-KCl/CaCrO$_4$电池等。这类电池适用于需要快速激活和使用的场合，如军事、航空、应急电源等领域。在军事应用中尤为重要，因为它们可以在极端条件下提供可靠的电。

四、按电池正、负极材料划分

按正、负极材料的不同划分，汽车电池主要分为以下几类。

1. 锌系列电池

锌系列电池是指以锌为负极材料的电池体系，它们在安全性、成本效益和环境友好性方面具有显著优势，如锌锰电池、锌银电池、锌镍电池等。锌系列电池在电动汽车、便携式电子设备、大规模储能系统等领域具有广泛的应用。随着技术的进步，特别是在提高电池的能量密度、循环稳定性和降低成本方面，锌系列电池有望在未来的能源存储市场中发挥更加重要的作用。2023年年初，中国科学技术大学的研究团队在无负极锌电池方面取得了进展，实现了超高面容量的稳定锌沉积和溶解反应，这有助于提高锌电池在实际储能应用中的潜力。

2. 镍系列电池

镍系列电池是指正极材料中使用镍作为主要元素的电池，如镍镉电池、镍氢电池、镍锌电池等。因自身的不足，镍镉电池已被淘汰，镍氢电池的市场份额也在逐渐减少。镍锌电池是尝试替代镍氢电池的新型电池，具有更高的能量密度和更好的充放电性能，但目前仍处于研发和市场推广阶段。

3. 铅系列电池

铅系列电池的代表性电池为铅酸电池。铅酸电池的优点包括：成本低、技术成熟、大电流放电能力强，但缺点是能量密度低、循环寿命较短、含有有害物质（如铅）。

4. 锂系列电池

锂系列电池是指以锂元素作为正极材料或电解质中的锂离子作为电荷载体的电池，

如钴酸锂电池、锰酸锂电池、磷酸铁锂电池、镍钴锰酸锂电池等。钴酸锂电池是最早商业化的锂离子电池类型，具有高能量密度的特点，但成本较高，热稳定性相对较差。锰酸锂电池成本较低，安全性较好，但能量密度和循环寿命相对较低。磷酸铁锂电池以其高安全性、长循环寿命和高成本效益而受到市场青睐，但能量密度相对较低。镍钴锰酸锂电池是三元锂电池的一种，通过不同比例的镍、钴、锰混合，提供不同的性能平衡，是目前电动汽车和储能领域中使用广泛的电池类型之一。

5. 二氧化锰系列电池

在二氧化锰系列电池中，二氧化锰为正极，如锌锰电池、碱锰电池等。锌锰电池是一次电池，具有成本低廉、放电电压平稳的特点，常用于低功耗设备和长期存储的备用电源。碱锰电池也是一次电池，碱锰电池结构简单，原材料来源丰富，成本较低，使用方便，不需要维护，便于携带。它们作为直流电源被广泛地应用于信号装置、仪器仪表、通信设备、计算器、照相机闪光灯、收音机、BP机、电动玩具及钟表、照明等各种电器用具中。

6. 空气（氧气）系列电池

在空气（氧气）系列电池中，空气中的氧气为正极活性物质，如锌空气电池、锂空气电池等。锌空气电池的充电过程通常十分缓慢，因此它们通常被视为一次电池，但在某些应用中，通过更换锌板和电解质可以实现重复使用。锂空气电池面临着由正极迟滞的反应动力学引起的充放电过程极化大、能量效率低等问题，目前仍处于研究和开发阶段。

不同种类的动力电池，工作电压是不同的，常见的铅酸电池、镍镉电池、镍氢电池和锂离子电池，其电池单体工作电压如表1.1所示，通过测量电池单体电压能初步判断出电池的种类。

表1.1　不同电池单体工作电压

（单位：V）

类别	开路电压	工作电压
铅酸电池	2.1～2.2	2.0
镍镉电池	1.4	1.2
镍氢电池	1.4	1.2
锂离子电池	4.1～4.2	3.6～3.7

新能源汽车电池的发展呈现出多元化趋势，不同类型的电池各具特点，应用场景也不尽相同。还有一些新型电池也陆续出现，如固态电池、石墨烯电池（见图1.1）、钠离子电池等。

图1.1　石墨烯电池

　　固态电池是一种新兴的电池，相较于传统的液态电池具有更高的能量密度、更快的充放电速度和更好的安全性能。固态电池使用固态电解质代替传统液态电解质，因此具有更好的耐高温性能和更低的火灾风险。虽然目前固态电池技术仍在研发阶段，但其潜在的应用前景备受期待。石墨烯电池是一种新型电池，具有超高的能量密度、长寿命、快速充电等优点。目前，关于石墨烯电池的具体应用尚处于研发阶段，未有具体车型公布。然而，石墨烯电池由于潜力巨大，已成为全球新能源汽车产业的研究热点。钠离子电池是一种新兴的电池，其优点包括：钠资源丰富、成本较低、对环境友好。钠离子电池的能量密度虽然不及锂离子电池，但其在中低端市场和储能领域有着广阔的应用前景。随着技术的进步和成本的降低，钠离子电池有望在新能源汽车领域发挥重要作用。

　　未来，随着科技的不断进步和创新，新能源汽车电池技术将继续推动新能源汽车产业的发展，为环保、可持续的交通出行提供更多选择和可能性。

任务实施

☞ 任务准备

准备任务实施所需的物料，详细信息见表1.2。

表1.2　物料准备

类别	所需物料
动力电池	三款不同类型的动力电池或新能源汽车整车
设备、仪器、工具	高压安全防护用品、绝缘表、万用表

☞ 任务实操

　　对准备好的三款不同类型的动力电池或新能源汽车整车进行动力电池类型的辨别，通过查找动力电池铭牌、测量动力电池、计算相关数据等方式获取相关参数，进行电池种类区分，并将获得的参数记录在表1.3中。

表1.3　新能源汽车动力电池类型参数记录

内容		结果	结果判定
安全防护			是□　否□
车辆状态检查			是□　否□
电池1	额定电压		电池类型：
	电池单体电压		
	额定容量		
电池2	额定电压		电池类型：
	电池单体电压		
	额定容量		
电池3	额定电压		电池类型：
	电池单体电压		
	额定容量		
复原场地，工具整理			

注意： 操作过程中应确保环境清洁、干燥安全。

📝 **任务评估** ————————————————————

本任务的技能评价如表1.4所示。

表1.4　动力电池的分类评价

姓名		班级		日期	
任务	动力电池的分类		分值	得分	备注
任务准备	安全检查		10		
	工具检查		10		
	防护措施		10		
任务实操	电池1相关参数测量		10		
	电池2相关参数测量		10		
	电池3相关参数测量		10		
任务完成	操作熟练程度		10		
	工作效率		10		
	任务工单完整规范		10		
规范操作	符合作业规程		10		
总分					

任务三　高压防护

📝 任务资讯

新能源汽车的非高压部件（如制动系统、悬架系统和车身系统）进行维修时，不需要专业的安全防护措施，而动力系统工作电压高达几百伏，当维修人员对动力系统中的高压组件进行维修时，就必须采取特殊的安全防护措施。

新能源汽车操作人员在高压作业前，应该在监护人员的监护下，规范地检查并穿戴高压安全防护用具，这是新能源汽车维修人员必备的专业技能和职业素养。

一、高压维修人员要求

高压电气部件的维护和检修作业必须同时由两名持证上岗人员负责，其中一名为操作人员，另一名为监护人员，监护人员负责监督工作全过程。

1. 操作人员要求

（1）必须持证上岗，具备国家应急管理部颁发的"特种作业操作证"（见图1.2）。这些专业人员能够判断高电压系统带来的电气危害，并能够确定针对高电压系统所需要的保护措施，能够断开车辆上的高压电源，并在工作期间保持断开状态。

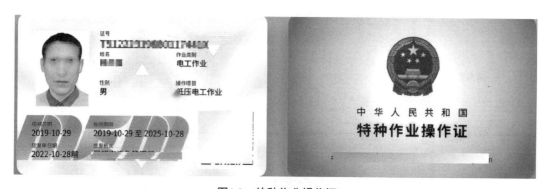

图1.2　特种作业操作证

（2）必须经过培训并通过考核。培训认证范围主要取决于操作人员的前期培训情况和实际经验：一方面必须通过理论和实际培训认证，证明该操作人员具备工作能力和专业知识；另一方面还必须经过相关车型的具体认证。

2. 监护人员要求

监护人员的安全技术等级应高于操作人员，同操作人员一样必须持证上岗。监护人员的监护内容如下：

（1）监督操作人员是否检查工具、量具设备，劳保用品等是否符合要求。

（2）监督操作人员的工作范围，使其与带电设备、高压部件等保持安全距离。

（3）监督操作人员的工具使用是否正确、工作位置是否安全、操作方法是否正确等。

（4）监护人员在发现操作人员有不正确的操作或违反规程的做法时，应及时纠正，必要时可停止其工作，并向上级报告。

（5）监护人员因故离开工作现场时，必须指派专业人员接替监护并告知操作人员，使监护工作不致间断。

（6）当发生触电事故时，监护人员应立即采取有效措施，并对受伤人员进行急救。

二、车间安全防护用具检查

新能源汽车高压作业需要在专用的维修工位进行，维修工位应保持清洁、干燥、通风良好。为保证高压作业的安全，新能源汽车维修车间必须布置隔离带、安全警示牌、绝缘胶垫、灭火器等车间安全防护用具。

进入新能源汽车维修车间后，应检查维修工位上的高压安全防护用具，如图1.3所示为新能源汽车维修工位。

1. 隔离带

隔离带可以将车辆高压电气系统的作业场地隔离，防止其他人员随意出入，起到隔离和警示的作用，隔离带如图1.4所示。

图1.3 新能源汽车维修工位

图1.4　隔离带

2. 安全警示牌

当维修工位上有高压车辆在进行检查维修时，要求在维修工位周围必须布置明显的警示标识（见图1.5），避免他人未经允许进入高电压维修工位而引发事故。

图1.5　安全警示牌

3. 绝缘胶垫

绝缘胶垫又称绝缘毯、绝缘垫、绝缘胶皮、绝缘垫片等，具有较大体积电阻率，耐电击穿，作为配电等工作场合的台面或铺地绝缘材料，能起到较好的绝缘效果。

4. 灭火器

灭火器有干粉灭火器、泡沫灭火器和二氧化碳灭火器等类型。在高压防护作业中，工作人员对维修车间灭火器进行检查时，需要重点检查灭火器压力值、灭火器有效期。

（1）灭火器压力值。灭火器的内部压力或者灭火剂的余量是用灭火器的压力表指示的，以确保灭火器处于正常工作状态。灭火器的压力表上有红色、绿色、黄色3种颜色区域（见图1.6）。当指针在绿色区域内，表示压力正常；当指针在红色区域内，表示压力过低，灭火器无法正常使用；当指针在黄色区域内，表示压力过高，灭火器有爆裂危险。

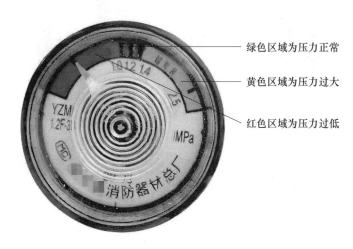

图1.6　灭火器的压力表

（2）灭火器有效期。灭火器有效期一般标识在灭火器维修铭牌上。根据相关规定，灭火器应在灭火器瓶体加贴维修铭牌（见图1.7）。维修铭牌上有灭火器使用单位、生产单位、维修单位、规格型号、生产日期、维修日期、检验员、下次维修日期等信息。通过读取维修铭牌上的信息可以确认灭火器是否在有效期内。

图1.7　灭火器维修铭牌

5. 动力电池组维修区

如果需要进行打开动力电池组更换电池包等作业，则需要设置动力电池组维修区（见图1.8），并设置安全隔离警示，避免无关人员靠近，以防造成事故。

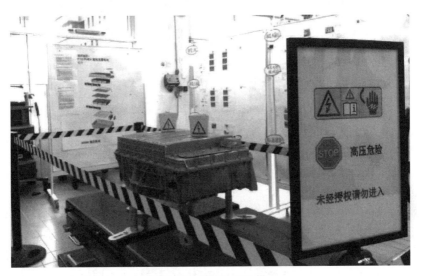

图1.8 动力电池组维修区

三、个人高压防护用具检查

个人防护用具是指维修人员在劳动过程中为避免物理、化学和生物等有害因素的伤害而穿戴和配备的各种物品的总称。为防止高压触电，在对新能源汽车进行检查维修时，维修人员必须使用个人高压防护用具。需要使用个人高压防护用具的区域均会张贴指令标志（见图1.9）。

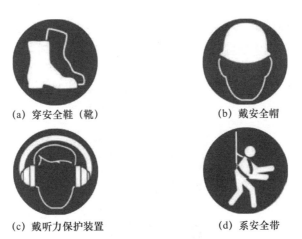

(a) 穿安全鞋（靴）　　　(b) 戴安全帽

(c) 戴听力保护装置　　　(d) 系安全带

图1.9 个人高压防护指令标志

个人防护用具（见图1.10）可以分为一般劳动保护用品和特种劳动防护用品。

(a) 高压绝缘手套　　　　(b) 防护眼镜

(c) 绝缘鞋　　　　(d) 防毒面具　　　　(e) 防护服

图1.10　个人防护用具

　　针对特定的诊断或维修作业，维修人员可能需要在暴露的高压零部件附近进行作业。如果有导电物体落到暴露的高压电路上，则可能会造成危险的短路事故。

　　在对混合动力汽车和纯电动汽车进行维修之前，维修人员应取下身上所有的首饰和金属物体（如戒指、手表、项链、工作徽章、口袋中的自动铅笔或金属工具等），因为它们可能会滑落出来造成弧闪事故。最重要的是，将衣物上的金属物移除或遮盖可避免意外触电。

　　1. 避免高压触电的防护

　　为防止在作业时发生高压触电事故，需要检查并佩戴高压绝缘手套。

　　（1）目视检查：高压绝缘手套表面必须平滑，内外面应无针孔、疵点、裂纹、砂眼、杂质、修剪损伤和夹紧痕迹等各种明显缺陷，也应无明显的波纹及铸模痕迹。此外，不允许有染料污染痕迹。

　　（2）使用电压等级检查：根据相关规定，高压绝缘手套上必须有明显且持久的标记，内容包括标记符号、使用电压等级、规格型号、最大使用电压、制造单位或商标、检验合格印章、贴有经试验单位定期试验的合格证等信息，如图1.11所示。

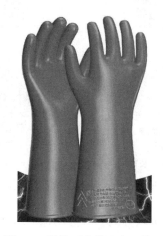

图1.11　绝缘手套使用电压等级

按照国家标准，高压绝缘手套的使用电压等级如表1.5所示。

表1.5　高压绝缘手套的使用电压等级

参考《带电作业用绝缘手套》（GB/T 17622—2008）选用型号	工作电压范围	参考《带电作业用绝缘手套标准》（IEC 60903:2014）选用型号	工作电压范围
0级	380 V及以下电压	00级	最大使用电压 500 V
1级	3 kV及以下电压	0级	最大使用电压 1 kV
2级	10 kV及以下电压	1级	最大使用电压 7 kV
3级	20 kV及以下电压	2级	最大使用电压 17 kV
4级	35 kV及以下电压	3级	最大使用电压 26 kV
		4级	最大使用电压 36 kV

（3）气密性检查：

① 捏紧手套的袖口处以封住空气。

② 将手套的袖口紧密地向手套指尖方向卷起，仍然捏紧卷起的部分。

③ 确保手套的手掌区域和指尖区域因空气挤压充入而鼓起，如图1.12所示。

④ 确保手套在鼓起后保持充气压力，不漏气，掰开手套指缝观察，细听有无漏气声。

⑤ 若手套未膨胀鼓起，则定位查找漏气点。

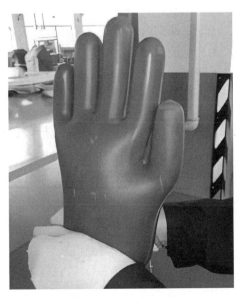

图1.12　检查气密性

2. 头部的安全防护

绝缘帽作为一种个人头部防护用品，能有效地防止和减轻维修人员在生产作业中遭受坠落物体或自己坠落时对头部的伤害。绝缘帽是指具备电绝缘性能要求的安全帽，在帽子上会有"D"字母标记。绝缘帽由帽壳、帽衬、下颌带等组成，绝缘帽的结构如图1.13所示。

图1.13 绝缘帽的结构

维修人员使用绝缘帽时，应检查其有无裂痕、是否磨损严重、有无受过重击变形等。对于新领用的绝缘帽，维修人员应检查是否有相关部门允许生产的证明及产品合格证，同时应选择正确电压等级的绝缘帽。

绝缘帽的外观检查包括以下几点：

（1）检查"三证"。"三证"即生产许可证、产品合格证和安全鉴定证。

（2）检查标识。检查永久性标识和产品说明是否齐全、准确。

（3）检查产品做工。合格的产品做工较精细，不会有毛边，且质地均匀。

3.眼部的安全防护

眼部的安全防护需要通过配戴防护眼镜来实现。防护眼镜是一种具有特殊作用的眼镜，按防护功能分类，主要有防冲击护目镜、防化学护目镜、防辐射护目镜和防尘护目镜。由于防冲击护目镜的镜片和镜架都经过特殊设计，具有较高的抗冲击强度，能有效抵御高速飞来的物体，以防对眼睛产生撞击，因此常用于建筑工地、机械加工、汽车维修等可能存在物体飞溅风险的场所。

4.足部的安全防护

足部的安全防护主要是通过穿上绝缘鞋（靴）进行防护。绝缘鞋（靴）的作用是使人体与地面绝缘，防止电流通过人体与大地形成通路，以避免对人体造成电击伤害，把触电的可能性降低，还能避免试验电压范围内的跨步电压对人体产生危害。因此，在进行电气作业时，不仅要佩戴绝缘手套，还应该穿绝缘鞋（靴）。绝缘鞋的组成如图1.14所示。

(a)　绝缘鞋鞋底防滑花纹

(b)　防砸钢包头　　　　　　　　　(c)　防刺穿钢中板

图1.14　绝缘鞋的组成

穿绝缘鞋（靴）时，应先检查绝缘鞋（靴）是否外观清洁、无油垢、无灰尘，鞋（靴）底有无扎伤，鞋底防滑花纹是否清晰明显、无磨平现象、无受潮现象，是否超过绝缘周期。

5. 身体的安全防护

身体的安全防护主要是通过穿上绝缘工服进行防护。绝缘工服是维修人员所穿的衣服，绝缘工服在给维修人员提供安全保障的同时，能反映企业员工的精神风貌，体现企业的文化内涵，提升企业形象。

绝缘工服应是防静电、耐摩擦的面料；绝缘工服要求收口，下摆、袖口、裤腿都可以扣起来，这样能有效降低衣服卡入车辆缝隙中的概率，提高作业安全性；工服色泽以较深的颜色为宜。绝缘工服如图1.15所示。

图1.15　绝缘工服

四、常用检测工具的使用

1. 高压电表和测电笔

混合动力汽车和纯电动汽车可能会产生高达650 V或更高的电压，但并非所有电表和测电笔都适用于新能源汽车的作业中。维修人员应确保所使用的电表和测电笔适用于即将进行的作业中，同时还应确保正确的操作方式。

高压电表的用电安全等级分为两部分：一是仪表可安全使用的额定系统电压，二是瞬时电压的绝缘防护值（电压峰值）。

根据《测量、控制和实验室用电气设备的安全要求　第1部分：通用要求》（IEC 61010-1：2016）的定义，电压峰值的额定防护有四个等级：CAT Ⅰ、CAT Ⅱ、CAT Ⅲ和 CAT Ⅳ，其中CAT Ⅳ能够抵挡最高的电压峰值。市面上的仪表中，公认的高压额定值为 1000 V CAT Ⅲ / 600 V CAT Ⅳ。因为这两个等级所指示的瞬时电压保护都高达8000 V，所以它们通常都会标示在测电笔或仪表上。接到高压电表上的测电笔必须与仪表的防护等级相匹配。高压电表和测电笔上的额定系统电压和CAT等级都会在设备上标示，如图1.16所示。

2. 绝缘工具套装

绝缘工具是由绝缘材料加工而成并适用于电气系统拆装等操作的工具。新能源汽车高压系统零部件的拆装工具必须装有耐压1000 V以上的绝缘柄。

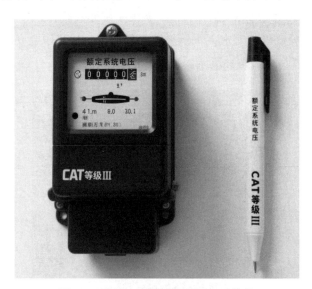

图1.16　高压电表和测电笔的CAT等级

与传统普通型工具相比，新能源汽车专用绝缘拆装工具绝缘面积大，除了与零部件的接触点没有进行绝缘处理外，其他地方均进行了相应的绝缘处理，一般绝缘层通常使用红、黄两色进行标识。绝缘防护胶柄等均使用耐高压、耐燃材料制作，同时具有防滑功能。新能源汽车绝缘工具套装如图1.17所示。

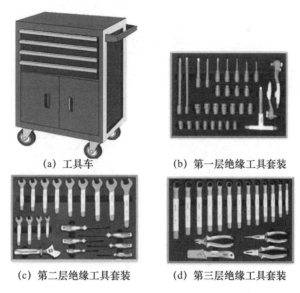

(a) 工具车　　　　　　(b) 第一层绝缘工具套装

(c) 第二层绝缘工具套装　　　(d) 第三层绝缘工具套装

图1.17　新能源汽车绝缘工具套装

3. 放电棒

放电棒又称伸缩型高压放电棒、高压放电棒等。放电棒是由新型绝缘材料加工而成，具有可拉长、可收缩、体积小、重量轻、安全的特点，便于携带，使用方便、灵活。

（1）放电棒的作用：放电棒可在新能源汽车高压蓄电池断电或其他高压组件更换时使用。

（2）使用方法：将放电棒的可伸缩部分完全拉出（见图1.18），先使用放电棒分别触碰放电源，如果放电棒指示灯不亮，则说明放电源无电。

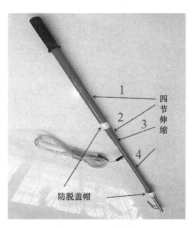

图1.18　放电棒

如图1.19所示，把配制好的接地线一端的插头插入放电棒的端部插孔内，将接地线的另一端与地连接，接地要可靠。放电时应先用放电棒的前端金属尖头慢慢靠近已断开试验电源的试品。此时，放电棒释放电能是经过放电电阻对地放电。再用放电棒所接接地线上的钩子钩住试品，进行第二次直接对地放电。

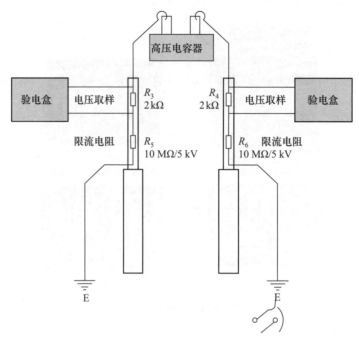

图1.19　放电验电示意图

4.动力电池包拆装升降台

在举升重型组件时，应始终依照原厂的使用说明操作。

很多纯电动汽车和某些插电式混合动力汽车的动力电池包通常体积较大且比较重，只能从车辆底部进行拆卸。拆卸动力电池包前，维修人员应将车辆举升机下方及附近清空，确保无人、无杂物。

移除重型组件通常需要专用的升降台，如图1.20所示，这种升降台通常可从车辆生产商或生产商的供应商处购得。若不按照生产商的操作规范举升或拆卸动力电池包，可能会对动力电池包造成损坏。在升降台和动力电池包之间应配有专用的防护垫。拆卸和更换动力电池包期间，通常应将动力电池包用皮绳固定在升降台上。

图1.20　动力电池包拆装升降台

📝 任务实施

☞ 任务准备

准备任务实施所需的物料，详细信息见表1.6。

表1.6 物料准备

类别	所需物料
动力电池	纯电动汽车动力电池或新能源汽车整车
车间防护用具	隔离带、安全警示牌、绝缘胶垫、灭火器
个人防护用品	绝缘手套、绝缘帽、绝缘鞋（靴）、防护眼镜、绝缘工服

进行任务准备时应特别注意：

（1）进入实训车间时，学生应穿着绝缘工服、绝缘鞋（靴），发型应符合安全性要求，不可佩戴手表等金属配饰，不可携带钥匙等金属物品，以免划伤实训车辆表面或引起意外触电。

（2）在维修作业前，维修人员应准备并检查必需的绝缘安全用具。

（3）进行举升作业时，维修人员必须佩戴好绝缘帽。

（4）在接触高压部件、高压线束前，维修人员必须完成车辆高压断电操作。

（5）发现有人触电时，相关工作人员应立即切断电源，并对触电者进行抢救，触电者未脱离电源前禁止直接接触。

（6）若有害液体不慎溅入眼中，应立即到洗眼站使用洗眼器清洗。

☞ 任务实操

学生分组，以小组为单位，合作完成高压安全防护用具的认知与使用任务，并将结果记录在表1.7中。

表1.7 新能源汽车高压安全防护用具的认知与使用参数记录

作业内容	具体项目	结果判定
车间安全防护用具检查	检查设置隔离带	是□ 否□
	检查设置安全警示牌	是□ 否□
	检查绝缘胶垫外观	良好□ 破损□
	检查灭火器外观	良好□ 破损□
	检查灭火器压力值指针范围	红色□ 绿色□ 黄色□
	检查灭火器维修铭牌	完好□ 丢失□ 不在有效期内□

作业内容	具体项目	结果判定
个人高压防护用具检查	检查绝缘手套外观	良好□ 破损□
	检查绝缘手套使用电压等级	_____ V
	检查绝缘手套气密性	良好□ 漏气□
	规范佩戴绝缘手套	是□ 否□
	检查绝缘帽外观	良好□ 破损□
	检查绝缘帽合格证	是□ 否□
	佩戴并调整绝缘帽	是□ 否□
	检查防护眼镜外观	良好□ 破损□
	规范佩戴防护眼镜	是□ 否□
	检查绝缘鞋（靴）外观	良好□ 破损□
	检查绝缘鞋（靴）使用电压等级	_____ V
	检查绝缘工服穿戴是否整齐	是□ 否□
作业场地恢复	将绝缘手套放至原位置	是□ 否□
	将防护眼镜放至原位置	是□ 否□
	将绝缘帽放至原位置	是□ 否□
	将高压警示牌放至原位置	是□ 否□
	拉开隔离带	是□ 否□
	清洁、整理场地	是□ 否□

注意： 操作过程中应确保环境清洁、干燥安全。

任务评估

高压安全防护用具的认知与使用任务评价如表1.8所示。

表1.8　高压安全防护用具的认知与使用任务评价

姓名		班级		日期	
任务	高压安全防护用具的认知与使用		分值	得分	备注
任务准备	安全检查		10		
	工具检查		10		
	防护措施		10		
任务实操	车间安全防护用具检查		10		
	个人高压防护用具检查		10		
	作业场地恢复		10		

续表

姓名		班级		日期	
任务	高压安全防护用具的认知与使用		分值	得分	备注
任务完成	操作熟练程度		10		
	工作效率		10		
	任务工单完整规范		10		
规范操作	符合作业规程		10		
总分					

项目习题

1. 填空题

（1）在传统汽油机汽车上，铅酸电池能提供_____V的电压。

（2）按能量转化原理和工作机制的不同划分，汽车动力电池分为_____、_____、_____和_____。

（3）锂离子电池通常具有_____V的额定电压。

（4）安全防护用具包括隔离带、安全警示牌、_____、绝缘手套、防护眼镜、绝缘鞋（靴）、绝缘帽以及绝缘工服（非化纤工作服）等。

（5）发现有人触电时，工作人员应立即_____，并对触电者进行抢救，触电者未脱离电源前禁止直接接触。

2. 选择题

（1）以下电池是碱性电池的是（　　　）。

　　A. 铅酸电池　　　　　　　　　B. 镍氢电池

　　C. 锂离子电池　　　　　　　　D. 太阳能电池

（2）当前新能源汽车动力电池大多是（　　　）。

　　A. 物理电源　　　　　　　　　B. 化学电源

　　C. 生物电源　　　　　　　　　D. 核电源

（3）下列不属于金属空气电池的是（　　　）。

　　A. 铝空气电池　　　　　　　　B. 锂空气电池

　　C. 氧空气电池　　　　　　　　D. 锌空气电池

（4）在维修没有装手动维修开关的车型时，切断高压应（　　）。

    A. 拆卸某一高压部件的互锁开关　　B. 拆卸低压蓄电池负极

    C. A和B都是　　　　　　　　　　D. A和B都不是

（5）在进行新能源车维修作业时，下列做法正确的是（　　）。

    A. 使用绝缘工具拆卸高压部件

    B. 在高压中止操作时，等待时间足够就不用进行高压检验

    C. 在进行高压部件维修作业时，单人也可以进行

    D. 只要注意一点，可以不用戴绝缘帽

3. 判断题

（1）镍氢电池具有重污染、高能量密度、大功率、快速充放电、耐用性好等许多优异特性。（　　）

（2）电池是一种能量转换装置。（　　）

（3）在维修作业中，要对拆下的高压插头进行封堵，防止异物进入。（　　）

（4）只要是新能源汽车维修作业，必须全过程戴绝缘手套。（　　）

（5）所有的新能源汽车都装有维修开关。（　　）

4. 简答题

（1）汽车动力电池的发展经历了哪几个阶段？

（2）锂离子电池有哪些优缺点？在新能源汽车领域的应用情况如何？

（3）常见高压防护用具有哪些？

项目二

锂离子电池的检测维修

知识体系

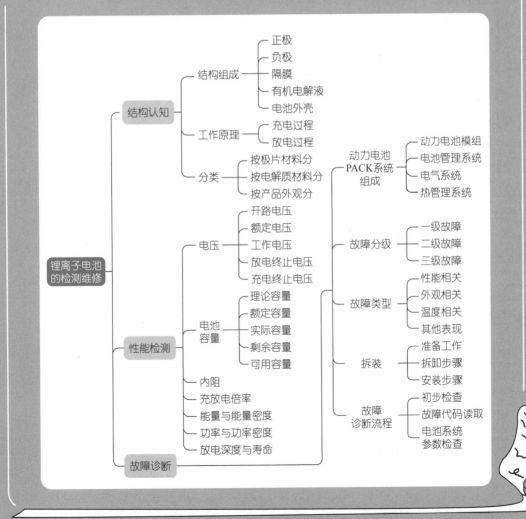

项目导入

场景：某校新能源汽车实训中心。

人物：学生、教师。

情节：学生已经了解动力电池的发展历史、新能源汽车的高压安全防护等知识，但是对锂离子电池的结构、工作原理、性能，以及动力电池组的结构和检修等还不了解，需要继续学习。

项目目标

◎ **知识目标**

（1）了解锂离子电池的结构和工作原理。

（2）能描述锂离子电池的电压、内阻和剩余电量的检测方法。

（3）能描述锂离子电池组的技术参数。

◎ **能力目标**

（1）能检测锂离子电池的电压、电池电容、内阻、寿命等。

（2）会分析检测数据，以评估动力电池的状态和性能。

（3）能够进行动力电池组及电池单体电压数据的检测。

◎ **素质目标**

（1）树立学生的安全意识。

（2）养成绿色可持续发展观。

（3）培养学生认真细致的工作作风和精益求精的工匠精神。

任务一　锂离子电池的结构认知

任务资讯

新能源汽车动力电池的基本组成单元是锂离子电池，本任务要求学生主要从锂离子电池的结构、工作原理和分类这几个方面进行认知，并完成锂离子电池的分类认知实训。

一、锂电池的认知

根据锂电池内锂的存在形态不同，锂电池可分为锂金属电池和锂离子电池两大类。

锂金属电池和锂离子电池是两个不同的概念，主要有以下区别：锂金属电池的正极材料是二氧化锰或亚硫酰氯,负极是锂;锂离子电池是以含锂的化合物作为正极材料的锂电池,在充放电过程中,没有金属锂存在,只有锂离子。锂金属电池也称一次锂电池,既可以连续放电,也可以间歇放电,一旦电能耗尽便不能再用,不能进行充电;锂离子电池也称二次锂电池,可以充放电。

锂离子电池主要依靠锂离子在两个电极之间往返嵌入和脱出进行工作。因其具有能量密度高、电池电压高、工作温度范围宽、储存寿命长等优点,锂离子电池不仅被用作电脑、智能手机的充电式电池,也被广泛应用于电器、电动汽车、产业机械、尖端科技等各个领域。

二、锂离子电池的结构

锂离子电池的结构主要包含正极、隔膜、负极、有机电解液、电池外壳五个部分,如图2.1所示。

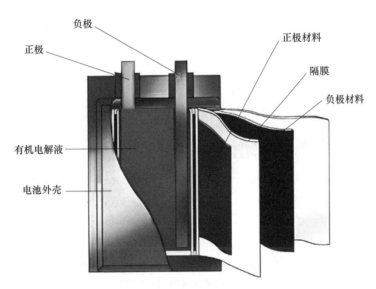

图2.1　锂离子电池结构

(1)正极:活性物质一般为锰酸锂或钴酸锂、镍钴锰酸锂等材料。导电极流体是厚度为10~20 μm的电解铝箔。

(2)隔膜:一种经特殊处理后而成型的高分子薄膜,薄膜有微孔结构,可以让锂离子自由通过,而电子不能通过。

(3)负极:活性物质为石墨或近似石墨结构的碳,导电极流体是厚度为7~15 μm的电解铜箔。

(4)有机电解液:有机电解液主要由锂盐和有机溶剂组成。常见的锂盐有六氟磷酸锂($LiPF_6$)、四氟硼酸锂($LiBF_4$)等。常用的有机溶剂有碳酸乙烯酯(EC)、碳酸二甲酯(DMC)、碳酸甲乙酯(EMC)等,这些有机溶剂具有较高的介电常数,能有效溶解锂盐,同时具备良好的化学稳定性和较低的黏度,有助于锂离子在其中快速迁移。

（5）电池外壳：电池外壳分为钢壳、铝壳、镀镍铁壳（圆柱电池使用）、铝塑膜（软包电池使用）等，还有电池外壳中的盖帽是电池的正负极引出端。

三、锂离子电池的工作原理

锂离子电池实质上是一种具有浓度差的电池，其正负极材料具有不同的电化学性质，中间被隔膜分离，锂离子从电势高的电极向电势低的电极移动，由于只有锂离子可以通过隔膜在电解液中移动，电荷补偿电子只能通过外电路移动，因此便形成电流提供给用电设备使用。

在锂离子电池的充放电过程中，锂离子处于"正极→负极→正极"的运动状态，就像一把摇椅，摇椅的两端为电池的两极，而锂离子就在摇椅两端来回运动，所以锂离子电池又称为摇椅式电池，如图2.2所示为锂离子电池工作原理。

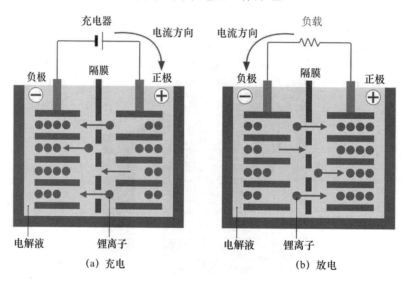

图2.2 锂离子电池工作原理

1. 充电过程

当外接电源对电池进行充电时，外部电路对其做功，电能转化成化学能，正极材料中的含锂化合物释放锂离子，锂离子通过电解液迁移至负极。而用作负极的碳呈层状结构，具有很多微孔，到达负极的锂离子即嵌入碳层的微孔中。嵌入的锂离子越多，充电容量越高。

锂离子电池充电时的反应如下（以$LiMn_2O_4$为例）：

$$LiMn_2O_4 \rightarrow Li_{1-x}Mn_2O_4 + xLi^+ + xe^- \qquad （正极）$$
$$6C + xLi^+ + xe^- \rightarrow Li_xC_6 \qquad （负极）$$

2. 放电过程

同理，当电池进行放电时（即使用电池的过程），石墨上嵌入的锂离子从负极脱出进入电解液中，由电解液嵌入正极，释放存储的化学能，化学能转变为电能后又运动回到正极。回到正极的锂离子越多，放电容量越高。

锂离子电池放电时的反应如下（以$LiMn_2O_4$为例）：

$$Li_{1-x}Mn_2O_4 + xLi^+ + xe^- \rightarrow LiMn_2O_4 \qquad （正极）$$

$$Li_xC_6 \rightarrow 6C + xLi^+ + xe^- \qquad （负极）$$

从以上的反应式可以得出，锂离子电池的工作原理就是锂离子在正负极之间往返穿梭，以实现电池的能量存储和释放。锂离子电池内部化学反应只涉及两种微观粒子运动，含锂化合物发生化学反应生成的锂离子和自由电子（e^-）。

四、锂离子电池的分类

锂离子电池可以按照不同的标准进行分类，主要有下三种分类标准：按极片材料分类、按电解质材料分类、按产品外观分类。

1. 按极片材料分类

按极片材料分类，锂离子电池的类型如图2.3所示。

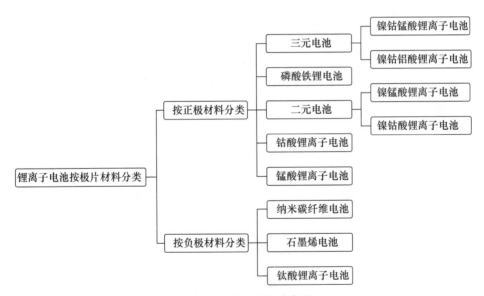

图2.3 锂离子电池的类型

按正极材料分类，锂离子电池可分为：三元电池、磷酸铁锂电池（LFP）、二元电池、钴酸锂离子电池（LCO）、锰酸锂离子电池（LMO）。其中，三元电池可分为镍钴锰酸锂离子电池（NCM）、镍钴铝酸锂离子电池（NCA），二元电池可分为镍锰酸锂离子电池、镍钴酸锂离子电池。

按负极材料分类，锂离子电池可分为：纳米碳纤维电池、石墨烯电池、钛酸锂离子电池（LTO）。

2. 按电解质材料分类

按电解质材料分类，锂离子电池可分为液态锂离子电池（LIB）和聚合物锂离子电池（PLB）。其中，液态锂离子电池使用液体电解质，目前市面上的新能源汽车动力电池多为液态锂离子电池。聚合物锂离子电池则是以固体聚合物作为电解质，这种聚合物可以是"干态"，也可以是"胶态"，目前大部分采用聚合物凝胶电解质。

3. 按产品外观分类

按产品外观分类，锂离子电池可分为圆柱形、方形、软包。

（1）圆柱形电池的特点有：电池容量大、输出电压高、良好的充放电循环性能、输出电压稳定、能大电流放电、电化学性能稳定、使用中安全（不会因过充电、过放电及短路等操作不当而引起燃烧或爆炸）、工作温度范围宽、对环境友好。

圆柱形电池的型号一般用3个字母加上4～5个数字表示。3个字母中的第一个字母表示负极材料：I表示有内置锂离子，L表示锂金属或锂合金电极。第二个字母表示正极材料：C表示钴，N表示镍，M表示锰，V表示钒。第三个字母为R，表示圆柱形。4个数字中，前2个数字表示直径，后2个数字表示高度（若是5个数字，最后一个是0，则代表圆柱形电池），单位都是mm。例如，ICR 18650就是直径为18 mm，高度为65 mm的通用的圆柱形电池。

（2）方形锂离子电池通常是指铝壳或钢壳方形电池，内部主要采用叠片形式，即在正极后放置隔膜，然后是负极，以此类推，叠加而成。电池内部充有电解质溶液，另外还设有安全阀和PTC（正温度系数）热敏电阻，以便在电池不正常状态或输出端短路时保护电池不受损坏。

方形电池的型号一般用3个字母加上6个数字表示。3个字母中前两个字母的意义和圆柱形电池一样，第三个字母为P，表示方形。6个数字中，前2个数字表示厚度，中间2个数字表示宽度，后2个表示高度（长度），单位为mm。例如，ICP 053353，05表示方形电池厚度为5 mm，33表示方形电池宽度为33 mm，53表示方形电池高度为53 mm。

（3）软包电池的外包装为铝塑膜，其实软包电池也是一种方形电池，市面上习惯将铝塑膜包装的电池称为软包电池，也有人将软包电池称为聚合物电池。

任务实施

☞ 任务准备

准备任务实施所需的物料，详细信息见表2.1。

表2.1　物料准备

类别	所需物料
动力电池	分别准备18650电池、方形电池的原件和解剖件
设备、仪器、工具	高压安全防护用具、直尺、万用表

☞ **任务实操**

教师准备两款不同类型的锂离子电池，让学生通过查找电池铭牌、对电池进行测量、计算相关数据等方式获取相关参数，进行新能源汽车锂离子电池类型的辨别，并将获取的参数记录在表2.2中。

表2.2　锂离子电池参数记录

内容		结果	结果判定
安全防护			是□　　否□
车辆状态检查			是□　　否□
18650电池	高度		电池结构特点：
	直径		
	结构		
方形电池	长×宽×高		电池结构特点：
	外壳		
	结构		
复原场地，工具整理			

注意： 操作过程中应确保环境清洁、干燥安全。

📝 **任务评估**

本任务的技能评价如表2.3所示。

表2.3　锂离子电池的结构认知评价

姓名		班级		日期	
任务	锂离子电池的结构认知		分值	得分	备注
任务准备	安全检查		10		
	工具检查		10		
	防护措施		10		
任务实操	18650电池参数记录		15		
	方形电池参数记录		15		
任务完成	操作熟练程度		10		
	工作效率		10		
	任务工单完整规范		10		
规范操作	符合作业规程		10		
总分					

任务二　锂离子电池的性能检测

📝 任务资讯

锂离子电池的性能决定了动力电池模组的特性，本任务主要从锂离子电池的性能参数（如电压、电池容量、内阻、充放电倍率、能量、能量密度、功率、功率密度、放电深度与寿命）进行介绍，通过本任务的学习，学生应掌握锂离子电池单体的性能检测。

一、电压

电压（Voltage）的单位为伏（V）。锂离子电池的电压有开路电压、额定电压、工作电压、放电终止电压、充电终止电压等参数。

1. 开路电压

开路电压（Open Circuit Voltage，OCV）是指在开路状态下（几乎没有电流通过时），电池两极之间的电势差。电池的开路电压与电池正负极材料的活性、电解质和温度条件等有关，而与电池的几何结构、尺寸大小无关。例如，无论铅酸电池的尺寸大小是多少，其电池单体开路电压都是近似一致的。电池的开路电压还与电池的放电程度有关，电池在充足电状态时开路电压最高，随着电池放电程度的增加，开路电压会相应降低。电池的电动势能体现电池将其他形式能量转变为电能的本领。因为电池内部存在内阻和损耗，一般情况下，电池的开路电压要小于（但接近于）它的电动势。

2. 额定电压

额定电压也称公称电压或标称电压，额定电压是指某电池开路电压的最低值（保证值），或在规定条件下电池工作的标准电压。通过额定电压可以区分电池的化学体系。表2.4为常用不同电化学体系电池的电池单体额定电压值。

表2.4　常用不同电化学体系电池的电池单体额定电压值

电池类型	电池单体额定电压/V
铅酸电池	2
镍镉电池	1.2
镍锌电池	1.6
镍氢电池	1.2
锌空气电池	1.4

电池类型	单体额定电压/V
铝空气电池	1.4
钠氯化镍电池	2.5
钠硫电池	2.0
锰酸锂电池	3.7
磷酸铁锂电池	3.2

3. 工作电压

工作电压是指电池接通负载后在放电过程中显示的电压，又称负荷（负载）电压或放电电压。在电池放电初始时刻（开始有工作电流）的电压即为初始电压。

电池在接通负载后，由于欧姆内阻和极化内阻的存在，电池的工作电压低于开路电压，也必然低于电动势。工作电压的计算公式为：

$$V = E - IR_i = E - I(R_\Omega + R_f)$$

式中：E——电动势，I——电池的工作电流，R_Ω——欧姆内阻，R_f——极化内阻。

4. 放电终止电压

对于所有二次电池，放电终止电压都是必须严格规定的重要指标。放电终止电压也被称为放电截止电压，是指电池放电时，电压下降到不宜再继续放电时的最低工作电压值。由于电池的类型及放电条件的不同，实际应用中对电池容量和寿命的要求也不同，由此所规定的放电终止电压也不同。一般而言，在低温或大电流放电时，放电终止电压规定得低一些；小电流长时间或间歇放电时，放电终止电压规定得高一些。

5. 充电终止电压

充电终止电压是指在规定的恒流充电期间，电池达到完全充电时的电压。到达充电终止电压后若仍继续对电池进行充电，即为过充电，会对电池性能和寿命产生损害。

二、电池容量

电池容量（Capacity）的常用单位为安培小时（A·h），简称安时，常用单位还有毫安时（mA·h）。电池容量是指电池在一定的放电条件下所能放出的电量，用符号C表示。电池容量是衡量电池性能的重要性能指标之一，若电池的额定容量是3000 mA·h，即表示若以300 mA的电流给电池放电，那么该电池可以持续工作10 h（3000 mA·h/300 mA=10 h）；若放电电流为3000 mA，那供电时间就只有1 h左右。按照不同条件划分，电池容量分为理论容量、额定容量、实际容量、剩余容量和可用容量。

1. 理论容量（C_0）

理论容量是指假定活性物质全部参加电池的成流反应，电池所能提供的电量，即最理想状态下的电池容量。理论容量可根据电池反应式中电极活性物质的用量，按法拉第定律计算的活性物质的电化学当量精确求出。

2. 额定容量（C_g）

额定容量是指按照国家或有关部门规定的标准，保证电池在一定的放电条件（如温度、放电率、放电终止电压等）下应该放出的最低限度的电池容量。一般是指铭牌上所标明的电机或电器在额定工作条件下能长期持续工作的电池容量。

3. 实际容量（C）

实际容量是指在实际应用工作情况下放电，电池实际放出的电量。实际容量等于放电电流与放电时间的乘积，实际放电容量受放电率的影响较大，所以常在字母C的右下角以阿拉伯数字表明放电率，如$C_{20}=50\,A\cdot h$，表明在20 h放电率下的容量为50 A·h。

由于内阻的存在，以及其他各种因素的影响，活性物质不可能被完全利用，即活性物质的利用率总是小于1，因此化学电池的实际容量、额定容量总是低于理论容量。

电池的实际容量与放电电流密切相关，在大电流放电时，电机的极化增强，内阻增大，放电电压下降很快，电池的能量效率降低，因此实际放出的容量较低。相应的，在小电流放电时，放电电压下降缓慢，电池实际放出的容量常高于额定容量。

4. 剩余容量

剩余容量是指在一定放电率下放电后，电池剩余的可用容量。剩余容量的估计和计算受到电池前期使用时的放电率、放电时间等因素及电池老化程度、应用环境等的影响，所以在准确估算上存在一定的困难。

5. 可用容量

可用容量是指在规定条件下，从完全充电的蓄电池中释放的电量。

三、内阻

内阻（Internal Resistance）的单位为欧姆（Ω）或毫欧姆（mΩ）。锂离子电池的内阻是指电池在工作时，电流流过电池内部所受到的阻力，锂离子电池内阻的单位一般是mΩ。内阻大的电池，在充放电的时候，内部功耗大，发热严重，会造成电池的加速老化和寿命衰减，同时也会限制大倍率的充放电应用。因此，内阻越小，锂离子电池的寿命和倍率性能就会越好，内阻大小主要受电极材料、制造工艺、电池结构等因素的影响。

电池内阻不是常数，它在放电过程中会根据活性物质的组成、电解液浓度、电池温度及放电时间的情况发生变化。电池内阻包括欧姆内阻（R_Ω）和电极在电化学反应中所表现出的极化内阻（R_f），两者之和即为电池的全内阻（R_w）。

欧姆内阻主要是由电极材料、电解液、隔膜的内阻，以及各部分零件的接触电阻组成。欧姆内阻与电池的尺寸、结构、电极的成形方式（如铅酸电池的涂膏式电极与管式电极，碱性电池的极盒式电极和烧结式电极）及装配的松紧度有关。欧姆内阻遵守欧姆定律。

极化内阻是指化学电池的正极与负极在电化学反应进行时因极化而引起的内阻。极化内阻是电化学极化和浓度极化所引起的电阻之和。极化内阻与活性物质的本性、电极的结构、电池的制造工艺有关，还与电池的工作条件密切相关，受放电电流和温度的影响很大。在大电流下放电时，电化学极化和浓度极化均增加，甚至可能引起负极的钝化，此时极化内阻增加。低温对电化学极化、离子的扩散均有不利影响，故在低温条件下电池的极化内阻也增加。因此，极化内阻并非一个常数，而是随着放电率、温度等条件的改变而改变。

对于电池内阻的构成，电池产生极化现象有三个方面的原因。

1. 欧姆极化

充放电过程中，为了克服欧姆内阻，外加电压必须额外增加一定的电压，以克服阻力推动离子迁移。该电压以热的方式转化到环境中，就出现了所谓的欧姆极化。随着充电电流的急剧加大，欧姆极化将造成电池在充电过程中的温度升高。

2. 浓度极化

为了维持正常的反应，最理想的情况是：电流流过电池时，电极表面的反应物能及时得到补充，生成物能及时离去。实际上，生成物和反应物的扩散速度远远比不上化学反应的速度，这就造成了极板附近电解液浓度发生变化，也就是说，从电极表面到中部溶液，电解液浓度分布不均匀，这种现象被称为浓度极化。

3. 电化学极化

由于电极上进行的电化学反应的速度落后于电极上电子运动的速度，这便造成了电化学极化。例如，电池的负极在放电前，电极表面带有负电荷，其附近溶液带有正电荷，两者处于平衡状态。放电时，立即有电子释放给外电路，电极表面负电荷减少，而金属溶解的氧化反应进行缓慢，不能及时补充电极表面电子的减少量，电极表面带电状态发生变化。这种表面负电荷减少的状态促进金属中电子离开电极，金属离子进入溶液，加速了氧化反应进行，逐渐达到新的动态平衡。但与放电前相比，电极表面所带负电荷数量减少，与此对应的电极电势变正，也就是电化学极化电压变高，从而严重阻碍了正常的充电电流。同理，电池正极放电时，电极表面所带正电荷数量减少，电极电势变负。

不管哪种极化，如果极化现象严重，都会对电池造成不可逆的损坏。

四、充放电倍率

充放电倍率（Charge/Discharge Rate）的单位为C。充放电倍率是指电池在规定时间内充放出其额定容量时所需要的电流值，它在数值上等于额定容量的倍数，1C在数值上等于电池额定容量，通常以字母C表示。例如，3倍率（3C）放电，其表示放电电流的数值是额定容量数值的3倍。若电池的额定容量为15 A·h，那么放电电流为$3×15=45$ A。

例如，容量为24 A·h的电池：用48 A放电，其放电倍率为2C，反过来讲，以2C放电，放电电流为48 A，则0.5 h放电完毕；用12 A充电，其充电倍率为0.5C，反过来讲，以0.5C充电，充电电流为12 A，则2 h充电完毕。

锂离子电池的充放电倍率性能主要与锂离子电池的电极材料和电解质有关，充放电倍率是充放电快慢的一种度量。我们习惯上称充放电倍率在1/3C以下为低倍率，1/3C～3C为中倍率，3C以上则为高倍率。

电池的充放电倍率，决定了电池以多快的速度，将一定的能量存储起来，或者以多快的速度，将存储的能量释放出来。充放电倍率指标定义得越详细，对于使用时的指导意义就越大，尤其是作为电动交通工具动力源的锂离子电池，需要规定在不同温度条件下的连续和脉冲倍率指标，以确保锂离子电池的使用在合理范围内。

五、能量与能量密度

1. 电池能量

电池的能量是指电池在一定的放电制度下，电池所能释放出的能量，通常用W·h或kW·h表示。

（1）理论能量：假设电池在放电过程中处于平衡状态，其放电电压保持电动势的数值，而且活性物质的利用率为100%，即放电容量为理论容量，则在此条件下电池所输出的能量为理论能量W_0，即

$$W_0 = C_0 E$$

（2）实际能量：实际能量是指电池放电时实际输出的能量。实际能量在数值上等于电池实际放电电压、放电电流与放电时间的积分，即

$$W = \int V_{(t)} I_{(t)} \, dt$$

在实际工程应用中，电池实际能量的估算，经常采用电池组额定容量与电池放电平均电压乘积进行计算。由于活性物质不可能完全被利用，电池的工作电压总是小于电动势，电池的实际能量总是小于理论能量。

（3）总能量：总能量是指电池在其寿命周期内电能输出的总和。

（4）充电能量：充电能量是指通过充电器输入电池的电能。

（5）放电能量：放电能量是指电池放电时输出的电能。

2. 能量密度

能量密度（Energy Density）的单位为W·h/kg或W·h/L。

电池的能量密度是指单位质量或单位体积的电池所能输出的能量，相应地称为质量能量密度（W·h/kg）或体积能量密度（W·h/L），也称为质量比能量或体积比能量。例如，一节锂离子电池重300 g，额定电压为3.7 V，电池容量为10 A·h，则其质量比能量为123 W·h/kg。一般在相同体积下，锂离子电池的能量密度是镍镉电池的2.5倍，是镍氢电池的1.8倍，因此在放电总能量相等的情况下，锂离子电池就会比镍镉电池、镍氢电池的体积更小，重量更轻，三元锂电池的能量密度一般在200～300 W·h/kg之间。

在新能源汽车应用方面，动力电池的质量能量密度影响新能源汽车的整车质量和续航里程，而体积能量密度影响动力电池的布置空间。能量密度是评价动力电池能否满足新能源汽车应用需要的重要指标，也是比较不同类型电池性能的一项重要指标，在实际应用中，能量密度这个指标比电池容量更具有指导意义。

能量密度分为理论能量密度（W_0'）和实际能量密度（W'）。理论能量密度对应于理论能量，是指单位质量或单位体积电池反应物质完全放电时理论上所能输出的能量；实际能量密度对应于实际能量，是单位质量或单位体积电池反应物质所能输出的实际能量，用电池实际输出能量与电池质量（或体积）之比来表征。由于各种因素的影响，电池的实际能量密度远小于理论能量密度。

动力电池在新能源汽车的应用过程中，由于电池组安装需要相应的电池箱、连接线、电流电压保护装置等元器件，实际的电池组能量密度小于电池能量密度。电池组能量密度是新能源汽车应用中最重要的参数之一，电池能量密度与电池组能量密度之间的差距越小，电池的成组设计水平越高，电池组的集成度越高。因此，电池组的质量能量密度常常成为电池组性能的重要衡量指标之一。一般而言，电池组的质量能量密度比电池能量密度要低20%以上。

六、功率与功率密度

1. 功率

电池的功率（Power）是指在一定的放电制度下，单位时间内电池输出的能量，单位为瓦（W）或千瓦（kW）。

2. 功率密度

功率密度（Power Density）是指单位质量或单位体积电池输出的功率，又称比功率，单位为W/kg或W/L。功率密度的大小表征电池所能承受的工作电流的大小，电池功率密度大，表示可以承受大电流放电。功率密度是评价电池及电池组是否满足新能源汽车加速和爬坡能力的重要指标。

对于化学电池，功率和功率密度还与电池的放电深度密切相关。因此，在表示电池功率和功率密度时还应该指出电池的放电深度。

能量密度高的动力电池就像龟兔赛跑里的乌龟，耐力好，可以长时间工作，保证汽车续航里程长。功率密度高的动力电池就像龟兔赛跑里的兔子，速度快，可以提供很高的瞬间电流，保证汽车加速性能好。

七、放电深度与寿命

1. 放电深度

放电深度（Depth of Discharge，DOD）是电池放电量与电池额定容量的百分比。浅循环蓄电池的放电深度不应超过25%，深循环蓄电池则可释放80%的电量。电池在上限电压时开始放电，到下限电压时终止放电。假设把所有放出来的电量定义为100%，电池标准80% DOD就是表示放80%的电量，如初始的SOC（剩余电量）是100%，放到20%就停止，这就是80% DOD。

2. 寿命

寿命（Cycle Life）的单位为次数。

锂离子电池的寿命会随着使用和存储的进行而逐步衰减，并且会有较为明显的表现。以智能手机为例，使用过一段时间的手机，可以很明显地感觉到手机电池"不耐用"了，刚开始可能一天只充一次电，后面可能需要一天充两次电，这就是电池寿命不断衰减的体现。

锂离子电池的寿命分为循环寿命和储存寿命两个参数。

（1）循环寿命：循环寿命是评价电池寿命性能的一项重要的指标。电池经历一次充电和放电，称为一次循环，或者一个周期。在一定放电制度下，二次电池的电池容量降至某一规定值（一般规定为额定值的80%）之前，电池所能耐受的充放电循环总次数，称为电池的循环寿命或使用周期。循环寿命受电池的放电深度影响，因此表示循环寿命时还要同时指出放电深度。各类电池的循环寿命有差异，即使是同一系列、同一规格的产品，循环寿命也可能有很大差异。目前常用的电池中，锌银电池的循环寿命最短，一般只有30～100次；铅酸电池的循环寿命为300～500次；锂离子电池的循环寿命较长，可达1000次以上。

（2）储存寿命：储存寿命是指电池在一定的储存条件下（如温度、湿度、充放电状态等），能够保持其性能在规定范围内的时间。如果是湿储存，更是如此。这种自放电的大小可通过电池容量下降到某一规定容量所需经过的时间来表示。

任务实施

☞ 任务准备

准备任务实施所需的物料，详细信息见表2.5。

表2.5　物料准备

类别	所需物料
动力电池	三元锂电池单体、磷酸铁锂电池单体
设备、仪器、工具	万用表、内阻测试仪、安全防护用具、专用工具箱

☞ 任务实操

进行新能源汽车锂离子电池的性能检测，能完成相关检测，并将获得的参数记录在表2.6中。

表2.6 锂离子电池性能检测参数记录

内容	检测点	检测值	结果判定	
检查电池单体是否出现鼓包、漏液	外观		正常□	不正常□
使用电池内阻测试仪测试内阻	内阻		正常□	不正常□
使用万用表测量电池单体电压	电压		正常□	不正常□
根据检测结果进行电池单体分拣	分类		正常□	不正常□

注意： 操作过程中应确保环境清洁、干燥安全。

任务评估

本任务的技能评价如表2.7所示。

表2.7 锂离子电池性能检测评价

姓名		班级		日期	
任务	锂离子电池的性能检测		分值	得分	备注
任务准备	安全检查		10		
	工具检查		10		
	防护措施		10		
任务实操	会测量电池单体电压		10		
	会测量电池单体内阻		10		
	能判断电池单体好坏		10		
任务完成	操作熟练程度		10		
	工作效率		10		
	任务工单完整规范		10		
规范操作	符合作业规程		10		
总分					

任务三 锂离子电池的故障诊断

任务资讯

本任务主要从动力电池PACK系统、锂离子电池的故障分级、锂离子电池的故障类型、锂离子电池的拆装、锂离子电池的故障诊断流程几个方面进行介绍，重点学习动力电池的拆装和动力电池故障的诊断检测。

一、动力电池 PACK 系统

动力电池PACK是指将多个锂离子电池单体通过串联、并联等方式组合在一起形成动力电池模组，并配备电池管理系统（BMS）、电气系统、热管理系统、结构件等，形成一个完整的、可直接用于新能源汽车等设备的动力电源系统的过程，也指这个组装好的动力电源系统本身。动力电池PACK系统如图2.4所示。

（1）动力电池模组：如果把动力电池PACK系统比作一个人体，那么动力电池模组就是"心脏"，负责储存和释放能量，为新能源汽车提供动力。

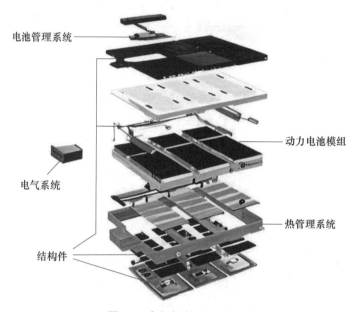

图2.4　动力电池PACK系统

（2）电池管理系统：电池管理系统如图2.5所示，可以被看作是电池的"大脑"，主要由单体监控单元（Cell Monitor Unit，CMU）和电池管理单元（Battery Management Unit，BMU）组成。

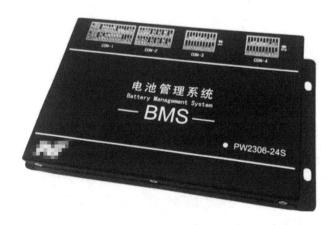

图2.5　电池管理系统

CMU：CMU负责测量电池的电压、电流和温度等参数，同时还有均衡的功能，当CMU测量到这些数据后，会将数据通过电池"神经网络"——低压线束传送给BMU。

BMU：BMU负责评估CMU传送来的数据，如果数据异常，则对电池进行保护，发出降低电流的要求，或者切断充放电通路，以避免电池超出许可的使用条件，同时还对电池的电量、温度进行管理。

（3）电气系统：电气系统主要是由高压跨接片或高压线束、低压线束和继电器组成。高压线束可以看作是动力电池PACK系统的"大动脉血管"，将动力电池PACK系统"心脏"的动力不断输送到各个需要的部件中，低压线束则可以被看作是动力电池PACK系统的"神经网络"，实时传输检测信号和控制信号。

（4）热管理系统：热管理系统的冷却主要有风冷、水冷、液冷等方式，以水冷系统为例，热管理系统主要由冷却板、冷却水管、隔热垫和导热垫组成。动力电池热管理系统能控制电池温度，防止过热与过冷，均衡电池组温度，提高充放电效率，延长电池寿命，更能保障电池安全，降低热失控等风险。

二、锂离子电池的故障分级

1. 按故障严重程度划分

根据故障对整车的影响，按故障严重程度不同，锂离子电池可分为三个故障等级。

（1）一级故障。一级故障最为严重，电池基本丧失正常功能，出现严重安全问题。如电池发生热失控，出现剧烈燃烧、爆炸等情况；内部短路引发冒烟起火；过充过放致电池电压、电流严重异常，无法继续充放电。当电池发生一级故障时，需立即停止使用并采取紧急处理措施，如新能源汽车中电池一级故障会触发安全保护机制切断电源。

（2）二级故障。当发生二级故障时，电池性能显著下降，功能部分受损。例如，电池容量大幅衰减，低于额定容量一定比例（如70%～80%）；内阻明显增大，影响充放电倍率和输出功率；自放电率过高，电量短时间内大量流失。当电池发生二级故障时，电池管理系统会降低最大充放电电流，新能源汽车可能动力减弱、续航里程骤减，需尽快维修检测。

（3）三级故障。电池性能轻微下降，有潜在故障风险。例如，电池电压、温度等参数偶尔超出正常范围，但未明显影响性能；或者电池外观有轻微鼓包、变形。当电池发生三级故障时，一般通过电池管理系统监测，采取调整充放电策略等措施，持续观察电池状态变化。

2. 按故障性质划分

按故障性质的不同，锂离子电池故障一般可分为性能故障和安全故障，如表2.8所示。

表2.8　锂离子电池按故障性质划分

等级	性能故障	安全故障
轻度	电池性能出现微小波动或下降，如电池容量有少量衰减（初始容量的5%～10%左右），内阻略微增大，对整体使用影响不明显	存在较小安全隐患，如电池外壳有轻微破损、密封轻微失效，有少量电解液渗出迹象但未造成严重后果，需及时处理防止恶化
中度	性能下降较为明显，电池容量衰减至初始容量的20%～30%，内阻增大导致充放电时间明显延长，设备续航里程受影响，需关注并准备维护	无
重度	性能严重恶化，电池容量大幅衰减，无法满足设备基本使用需求，如新能源汽车续航里程缩短过半，需及时更换或深度修复	安全风险高，如电池内部短路引发局部过热、冒烟，热失控风险增加，或者电池严重鼓包变形，随时可能引发更严重的安全事故，必须立即停用并让专业人员处置

三、锂离子电池的故障类型

锂离子电池的故障具体表现在多个方面，涉及性能、外观、温度等方面。

1. 性能相关

性能相关故障会对锂离子电池的性能产生影响，如电池容量衰减、充放电异常等。

（1）电池容量衰减。电池可存储电量减少，设备续航时长缩短。例如，手机原本充满电能用一整天，发生故障后半天左右就没电；新能源汽车满电时的续航里程明显下降。

（2）充电异常。

① 充电时间延长：正常充电时间可能只需要1～2 h，发生故障后可能延长至3～4 h甚至更久，即便延长充电时间，也难以充满电。

② 无法充电：连接充电器后，设备无充电反应，或提示充电故障。这可能是由充电器接反、保护板故障、电池组与充电器外部短路等原因引起的。

③ 充不满电：充电到一定程度（如 80%～90%）后就不再上升，多因锂离子电池单体电量或电池容量不一致。

（3）放电异常。

① 放电过快：设备使用中电量快速下降，如刚充满电不久，使用一会儿，电量就从100% 掉到80%，甚至更低。

② 无法放电：设备无法从电池中获取电能，可能因为锂离子电池电压低、保护板或控制器损坏、放电正负极接反、线路断开等原因引起。

③ 负载下电压骤降：执行高能耗任务（如使用手机玩大型游戏、新能源汽车急剧加速）时，电池电压突然大幅降低，导致设备意外关机或性能骤降。

（4）自放电率高。电池在闲置状态下电量流失快，充满电放置几天，电量就下降很多。

（5）内阻增大。电池内阻增大，导致电池发热明显，充电效率降低，输出电压降低，放电时可用能量减少。

2. 外观相关

（1）鼓包或膨胀：电池外壳出现鼓起、变形，可能是由电池内部产气、电极材料变化等原因引起的，会影响电池的性能与安全性，还可能会损坏设备外壳。

（2）漏液：电池密封失效，电解液渗出，通常会散发出特殊气味，电解液接触皮肤、眼睛会造成刺激与伤害，还会腐蚀电池和设备内部元件。

（3）破损：电池外壳有裂缝、破损时，可能使电池内部结构暴露，导致短路、受潮等问题，降低电池性能安全性。

3. 温度相关

（1）充电发热：充电时电池温度过高，超出正常范围（电池表面温度一般应在40~45℃），严重时会烫手。可能是由内阻增大、充电电流过大、散热不良等原因引起的，持续高温会加速电池老化，引发热失控等安全事故。

（2）使用发热：设备在使用过程中，电池温度异常升高，影响设备稳定性与电池寿命。

4. 其他表现

（1）电压异常：开路电压、充放电电压偏离正常范围，如充电时电压无法达到正常充电终止电压，或放电时电压过早低于放电终止电压。

（2）电池管理系统报错：电池管理系统监测到电池参数异常（如过充、过放、过流、温度过高、内阻过大等），设备显示电池故障警告信息，提示用户电池存在问题需检查处理。

四、锂离子电池的拆装

进行新能源汽车动力电池的故障诊断，首先要进行动力电池的拆装。新能源汽车动力电池的拆装是一项较为复杂且具有一定危险性的工作，要求操作人员具备专业的知识和技能，在这个过程中一定要注意安全，做好防护，应在符合安全规范的条件下进行。

1. 准备工作

（1）确保工作环境安全，通风良好，周围无易燃、易爆物品，并配备必要的消防器材。

（2）准备好专用的工具，如绝缘扳手、扭力扳手、万用表等，以及防护用具，如绝缘手套、防护眼镜等。

（3）查阅车辆维修手册，了解该车型动力电池的具体结构和拆装注意事项。

2. 拆卸步骤

（1）安全断电。

将车辆停放在平坦、坚实的地面上，拉紧驻车制动器，关闭点火开关，拔出钥匙。

断开车辆低压蓄电池的负极电缆，等待一段时间（通常为5~10 min），以确保车辆电气系统中的电容器放电完毕，避免触电危险。

（2）找到动力电池的位置。

不同车型的动力电池安装位置可能不同，一般位于车辆底部、后备厢下方或前排座椅下方等。根据车辆维修手册找到动力电池的准确位置，同时，使用合适的动力电池举升设备或工具（如叉车、托盘车等）小心地将动力电池托举住。

（3）拆除保护罩和固定螺栓。

移除动力电池周围的保护罩或盖板，露出电池组的固定螺栓。使用合适的工具按照规定的顺序和扭矩要求松开并拆除固定螺栓。

（4）断开电气连接。

使用绝缘工具小心地断开动力电池与车辆电气系统之间的高压电缆连接。在断开连接前，需使用万用表等工具确认电缆两端无电压，以防止触电。同时，注意标记好电缆的连接位置和方向，以便后续正确安装。

断开电池管理系统与动力电池之间的低压控制线束连接，同样要注意标记好位置和方向。

（5）取出动力电池。

在确保所有连接都已断开后，使用合适的动力电池举升设备或工具（如叉车、托盘车等）小心地将动力电池从车辆中取出。对于一些较重的电池组，可能需要多人协作完成。在取出过程中，要注意避免碰撞和损坏电池组及车辆其他部件。

3. 安装步骤

（1）安装前检查。

检查动力电池外观是否有损坏、变形等情况，确保电池组完好无损。

检查车辆上的电池安装位置是否干净、有无杂物，固定支架和电气连接接口是否正常。

（2）放入动力电池。

使用动力电池举升设备将动力电池小心地放入车辆的安装位置，确保电池组放置平稳且与安装支架对齐。

（3）连接电气线路。

按照标记的位置和方向，先连接电池管理系统的低压控制线束，确保连接牢固。

再连接高压电缆，使用扭力扳手按照规定的扭矩拧紧连接螺栓，确保电气系统连接良好，无松动现象。连接完成后，使用万用表检查连接是否正常，有无漏电等情况。

（4）固定动力电池。

使用合适的工具安装并拧紧固定螺栓，将动力电池牢固地固定在车辆上。注意按照规定的扭矩要求进行操作，以防止动力电池在车辆行驶过程中发生晃动或移位。

（5）安装保护罩和盖板。

将拆除的保护罩和盖板按照原样安装回位，确保安装牢固，以保护动力电池免受外界因素的影响。

（6）恢复车辆电源。

连接车辆低压蓄电池的负极电缆，确保连接牢固。

打开点火开关，检查车辆电气系统是否正常，查看动力电池是否被正确识别，以及电池管理系统是否正常工作。

五、锂离子电池的故障诊断流程

1. 初步检查

（1）安全检查：确保车辆处于安全状态，拉紧驻车制动器，将车辆置于 P 档，关闭点火开关，断开低压蓄电池负极电缆，等待 5～10 min，防止触电。

（2）外观检查：查看车辆外观有无碰撞、刮擦痕迹，尤其是底盘部分，检查动力电池包外壳有无变形、破损、漏液、鼓包等情况，检查电池包的冷却管路有无泄漏、破损。

2. 故障代码读取

（1）连接诊断设备：使用与车辆兼容的专业诊断仪，通过车辆的车载自动诊断系统接口连接到车辆的电子控制系统。

（2）读取故障代码：打开专业诊断仪电源，按照操作界面提示进入电池管理系统，读取故障代码及相关数据流。记录下所有显示的故障代码，这些故障代码将为故障诊断提供重要线索。

3. 电池系统参数检查

（1）电压检查：使用万用表测量动力电池组的总电压，检查是否在正常范围内。然后分别测量每个电池模组的电压，查看是否存在电压不均衡的情况，即各个模组之间的电压差值是否超过规定值。如果存在电压异常，可能是电池单体损坏、连接线路故障。

（2）电流检查：通过诊断仪查看车辆在静止和尝试启动时的电池输出电流情况。若电流异常，可能是电池内部短路、外部负载过大或电流传感器故障。

（3）温度检查：检查电池组的温度传感器数据，查看电池组各部分温度是否均匀，是否存在过热或过冷的情况。过热可能是散热系统故障、电池内部自放电严重或充电策略不当；过冷则可能影响电池性能，导致故障。

通过以上全面的故障诊断流程，可以逐步排查出新能源汽车动力电池系统的故障原因，为后续的维修和故障排除提供依据。

📝 任务实施

☞ 任务准备

准备任务实施所需的物料，详细信息见表2.9。

表2.9　物料准备

类别	所需物料
防护装备和辅助设备	绝缘工服、绝缘鞋（靴）、防护眼镜、绝缘帽、绝缘手套、高压电维修安全警示牌和设备、绝缘胶垫、二氧化碳灭火器
设备、仪器、工具	新能源汽车整车、举升设备、专用诊断仪、电池拆装专用工具、新能源汽车维修组合工具

☞ **任务实操**

案例：一辆新能源纯电动汽车，总行驶里程12万千米，动力电池故障灯点亮，因电池系统存在故障而无法行驶。

1. 动力电池的拆卸

根据车辆故障现象，维修人员用专用诊断仪检测车辆动力电池系统，初步诊断为电池系统的温度过高，需要拆卸电池做进一步检查。动力电池的拆卸步骤如表2.10所示。

表2.10　动力电池的拆卸步骤

序号	步骤	内容	结果判定	
1	准备工作	安全防护（高压防护）	是□　否□	
2	安全断电	关闭点火开关； 断开车辆低压蓄电池的负极电缆，等待（　　）分钟	是□　否□	
3	确定动力电池位置	找出动力电池位置，使用合适的动力电池举升设备或工具托举动力电池	是□　否□	
4	拆除保护罩和固定螺栓	用合适的工具按照规定的顺序和扭矩要求松开并拆除固定螺栓	是□　否□	
5	断开电气连接	拆卸动力电池高压线束插接器； 拆卸动力电池低压线束插接器	是□　否□	
6	取出动力电池	在确保所有连接都已断开后，使用合适的动力电池举升设备或工具小心地将动力电池从车辆中取出	①动力电池举升支架必须放置在动力电池正下方	是□　否□
			②动力电池举升支架不能挡住需要拆卸的螺栓	是□　否□
			③为防止在拆卸动力电池时，动力电池举升支架随意滑移，必须锁止两个滑动轮制动器	是□　否□
7	复原场地，工具整理		是□　否□	

2. 动力电池模组的检测

通过查找动力电池铭牌、对动力电池进行测量、计算相关数据等方式获取相关参数，进行电池检测，并将故障检测结果记录在表2.11中。

表2.11　动力电池模组检测表

序号	步骤	内容	检测结果判定		
1	准备工作	安全防护（高压防护）	是□　否□		
2	初步检查	动力电池外观检查	变形、破损	是□　否□	
			漏液	是□　否□	
3	电池系统参数检查	电压检查： 总电压： 模组电压：	正常□　不正常□ 故障类型：		
4		温度检查： 各温度传感器阻值：	正常□　不正常□ 故障类型：		
5	复原场地，工具整理		是□　否□		

注意： 操作过程中应确保环境清洁、干燥安全。

任务评估

本任务的技能评价如表2.12所示。

表2.12　锂离子电池的故障诊断评价

姓名		班级		日期	
任务	锂离子电池的故障诊断		分值	得分	备注
任务准备	安全检查		10		
	工具检查		10		
	防护措施		10		
任务实操	动力电池的拆解		10		
	动力电池的检测		10		
	动力电池的安装		10		
任务完成	操作熟练程度		10		
	工作效率		10		
	任务工单完整规范		10		
规范操作	符合作业规程		10		
总分					

项目习题

1. 填空题

（1）锂离子电池是一种_____电池，它主要依靠_____在两个电极之间往返嵌入和脱出来工作。

（2）单体三元锂电池的额定电压为_____V，单体磷酸铁锂电池的额定电压为_____V。

（3）放电倍率是指电池在规定时间内放出其额定容量时所需要的_____，数值上等于额定容量的_____。一块电池的额定容量是3 A·h，以2倍率放电，则放电电流为_____。

（4）动力电池PACK是将众多_____通过串联或并联的方式连接起来，并配备电池管理系统、电气系统、热管理系统等，形成_____系统。

（5）锂离子电池的内阻是指电池在工作时，电流流过电池内部所受到的_____，它包括_____内阻和_____内阻。

2. 选择题

（1）以下关于电池的概念中，属于构成电池的最基本单元的是（　　）。

  A. 电池   B. 电池单体

  C. 电池包   D. 电池系统

（2）电池容量单位为（　　）。

  A. C   B. A·h

  C. mA   D. A

（3）能量密度和功率密度是我们选择电池的重要依据，下列电池在这方面具有极强的竞争力的是（　　）。

  A. 铅酸电池   B. 镍氢电池

  C. 干电池   D. 锂离子电池

（4）SOC是能源管理系统检测的重点和难点，也是人们最关心的参数，可是却不容易获得，SOC是指（　　）。

  A. 荷电状态   B. 系统芯片

  C. 呼救信号   D. 剩余电量

（5）动力电池功率大小影响到汽车的（　　）。

  A. 启动与加速   B. 内部布查

  C. 续航里程   D. 安全及舒适

3. 判断题

（1）反应新能源汽车续航能力的是动力电池的电压。　　　　　　　（　　）

（2）动力电池的体积能量密度影响最大速度。　　　　　　　　　　（　　）

（3）电池的体积越大，其能量越大。　　　　　　　　　　　　　　（　　）

（4）锂电池的最佳工作温度是25～40 ℃。　　　　　　　　　　　（　　）

（5）锂离子电池的充放电循环寿命是200～4500 次。　　　　　　　（　　）

4. 简答题

（1）简述三元锂电池和磷酸铁锂电池的优缺点。

（2）解释三元锂电池NCM811，N、C、M代表的含义。这三种元素对电池性能的影响是什么？

（3）锂离子动力电池拆装步骤及注意事项有哪些？

项目三

其他动力电池的检测维修

知识体系

其他动力电池的检测维修
- 镍氢电池的检测
  - 镍氢电池的结构原理
    - 结构组成
      - 正极板
      - 负极板
      - 隔膜
      - 电解液
      - 外壳和安全阀
    - 电化学原理
      - 负极反应
      - 正极反应
      - 电池反应方程式
  - 镍氢电池的特性
    - 充电特性
      - 电压-容量特性曲线
      - 温度-容量特性曲线
    - 放电特性
      - 不同放电电流的影响
      - 放电终止电压
    - 存储特性 —— 容量下降原因
    - 循环寿命 —— 影响循环寿命的因素
- 其他动力电池的认知
  - 氢燃料电池的结构原理
    - 燃料电池的概念
    - 结构组成
      - 阳极
      - 阴极
      - 电解质隔膜
  - 超级电容器的工作原理
    - 双层电荷的形成
    - 超级电容器的充放电过程

📝 项目导入

场景：某校新能源汽车实训中心有一台新能源混合动力汽车无法高压上电，仪表内动力电池故障报警灯点亮，学生查阅资料后发现该车采用的动力电池为镍氢电池，需要在教师的指导下完成动力电池故障的检测维修。

人物：学生、教师。

情节：学生已经学习了锂离子动力电池的基础知识，能完成锂离子动力电池的拆装与检测，但是对镍氢电池等其他类型的动力电池还了解不够，需要继续学习。

📝 项目目标

◎ 知识目标

（1）了解其他动力电池的类型及应用情况。

（2）掌握镍氢电池的结构原理及参数性能。

（3）能描述燃料电池的类型及氢燃料电池的结构特点。

◎ 能力目标

（1）能对比分析镍氢电池、氢燃料电池的性能特点。

（2）团队合作完成镍氢电池包的拆装与检测。

（3）能独立完成镍氢电池的性能分析。

◎ 素质目标

（1）使学生养成遵守学习场所规定、爱岗敬业的职业素质。

（2）热爱汽车行业，热爱中华民族自主品牌。

（3）培养学生认真研究、精益求精的工匠精神。

（4）培养学生发现问题、思考问题的能力，使学生能逐步提高自主学习的能力。

任务一 镍氢电池的检测

📝 任务资讯

一、镍氢电池的发展

1899年，瑞典科学家沃尔德马·尤格尔（Waldmar Jungner）在开口型镍镉电池中，首先使用了镍极板，镍镉电池属于碱性电池，碱性电池是以氢氧化钾等碱性水溶液为电解液的二次电池的总称。与此同时，托马斯·爱迪生（Thomas Edison）发明了应用于电动汽车的镍铁电池。1947年，密封型镍镉电池研制成功，在这种电池中，化学反应生成的各种气体无须排出，可以在电池内部发生化学反应生成固态物质。密封型镍镉电池效率高、循环寿命长、能量密度高、体积小、重量轻、结构紧凑，并且不需要维护，因此在工业和消费产品中得到了广泛应用。

但是，由于镍镉电池中镉元素的污染问题和对人体的伤害，科学家加快了研制新型碱性电池的步伐。1978年，美国成功研制出功率大、重量轻、寿命长的镍氢电池，该电池属于高压气体镍氢电池，使用高压容器存储氢气，安全性较低。后来，飞利浦公司发现了在一定温度和压力条件下可以吸放大量氢的合金，这种合金即为储氢合金，被称为"吸氢海绵"。其中，有些储氢合金可以在强碱性电解液中反复充放电并长期稳定地存在，它们即可以作为电池的负极材料。因此，飞利浦公司发明了低压镍氢电池。20世纪90年代，镍氢电池在日本开始规模化生产。目前，我国已有几十家单位在研制生产镍氢电池，国产镍氢电池的综合性能已经达到国际先进水平。

镍氢电池技术成熟、功率密度高、环境友好、无明显记忆效应、有足够宽的工作温度等特点能满足混合动力新能源汽车的要求，成为新能源汽车动力电池的主要应用类型之一。同镍镉电池相比，镍氢电池具有以下特点：

（1）环境性能好，无镉污染。

（2）能量密度高，电池容量是镍镉电池的2倍左右。

（3）无明显记忆效应。

（4）可大电流快速充放电，充放电倍率高。

（5）低温性能好，耐过充放能力强。

（6）工作电压为3.2 V，放电曲线平滑，电快要消耗完时，电压才会突然下降。

（7）应用范围广，可应用在新能源汽车、电动工具、医疗器械、航空航天等领域。

镍氢电池的缺点是自放电与寿命不如镍镉电池，但也具有1000次以上的循环寿命和10年以上的储存寿命。

二、镍氢电池的结构原理

1.镍氢电池的结构

镍氢电池主要由正极板、负极板、隔膜、电解液、外壳等部件组成，如图3.1所示，被隔膜相互隔离开的正、负极板呈螺旋状卷绕在壳体内，壳体用盖帽进行密封，在壳体和盖帽之间用绝缘材质密封圈隔开。电池顶部外壳上安装有安全阀，安全阀具有自动密封作用，当电池内部压力过大时，安全阀开启，释放气体，能降低电池内部压力，确保电池的安全。

负极板以储氢合金为主要材料；正极板的材料为羟基氧化镍（NiOOH）；隔膜主要采用多孔维尼龙无纺布或尼龙无纺布等材料做成，具有保液能力和良好的透气性。此外，电池内部充满碱性电解液，电解液多采用氢氧化钾（KOH）溶液，并加入少量的氢氧化锂（LiOH）。

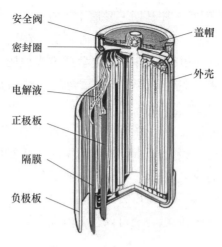

安全阀
密封圈
电解液
正极板
隔膜
负极板

盖帽
外壳

图3.1　镍氢电池的结构

2.镍氢电池的电化学原理

镍氢电池的正极活性物质为NiOOH（放电时）和氢氧化镍[Ni(OH)$_2$]（充电时），负极板的活性物质为储氢合金（MH）（放电时）和水（充电时），电解液采用30%的氢氧化钾（KOH）溶液，充放电时的电化学反应如下：

负极反应：$n\text{H}_2\text{O} + \text{M} + n\text{e}^- \underset{\text{放电}}{\overset{\text{充电}}{\rightleftharpoons}} n\text{OH}^- + \text{MH}$

正极反应：$\text{Ni(OH)}_2 + \text{OH}^- - \text{e}^- \underset{\text{放电}}{\overset{\text{充电}}{\rightleftharpoons}} \text{NiOOH} + \text{H}_2\text{O}$

电池反应：$n\text{Ni(OH)}_2 + \text{M} \underset{\text{放电}}{\overset{\text{充电}}{\rightleftharpoons}} n\text{NiOOH} + \text{MH}$

式中M为储氢合金，MH为吸附了氢原子的储氢合金。

从方程式可以看出：充电时，负极析出氢气，储存在储氢合金中，正极由Ni(OH)$_2$变成NiOOH和水；放电时氢气在负极上被消耗掉，正极由NiOOH变成Ni(OH)$_2$。

三、镍氢电池的特性

1.充电特性

镍氢电池的充电特性曲线如图3.2所示，包括电压-容量特性曲线、温度-容量特性曲线。

电压-容量特性曲线大致可分为三个阶段。第一阶段：开始充电时电压上升较快，Ni(OH)$_2$导电性极差，但充电产物NiOOH导电性是前者的10倍，因而开始时电压上升很快。第二阶段：有NiOOH生成后，充电电压上升速率降低，电压变得比较稳定。第三阶段：随着充电过程的进行，当充电容量超过电池的额定容量后，储氢合金中的氢原子扩散速度减慢，电池的充电电压会下降，充电终止时电压多在1.5 V左右。

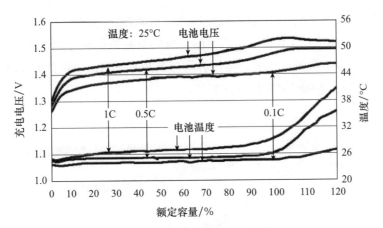

图3.2 额定电池的充电特性曲线

温度-容量特性曲线大致分为两个阶段。第一阶段：在充电容量低于额定容量时，电池的温度上升较慢，当充电容量超过额定容量时，电池的温度迅速升高。此外，不同的充电电流对充电特性也有很大的影响，当采用0.1C倍率电流充电时，电池温度上升较慢；当采用1C倍率电流充电时，电池温度上升就比较快。

2.放电特性

镍氢电池的工作电压是3.2 V，其放电特性随放电电流、温度和其他因素的不同而变化。温度为25 ℃时，采用不同的放电电流，镍氢电池的放电特性曲线如图3.3所示。可以看出，放电时，不同的放电电流对放电特性有很大的影响，主要是放电电流的不同使电池温度发生变化，导致电池放电特性产生差异。但可以看出，一般的放电终止电压都在0.9 V左右。

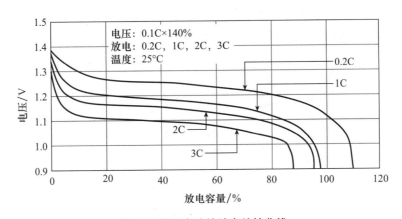

图3.3 镍氢电池的放电特性曲线

采用0.2C电流放电时，电池电压降到0.9 V，可以释放110%额定容量的电能；采用3C电流放电时，电池电压降到0.9 V，只能释放约85%额定容量的电能。

3.存储特性

电池的存储特性是指电池在一定条件下存储一定时间后主要性能参数的变化，包括电池容量的下降、外观有无变形或渗液情况等。电池在存储过程中电池容量下降的主要原因是自放电，自放电率高不利于电池存储。镍氢电池的存储特性如图3.4所示，可以看出，充满电后在常温下搁置三个月，电池容量减少30%左右；如果在0 ℃的环境中冷藏，即使搁置200天，也还有90%左右的电池容量。

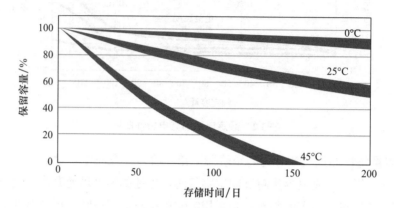

图3.4　镍氢电池的存储特性曲线

镍氢电池自放电较高，存储时应注意以下几点要求：

（1）遵从即充即用原则，不宜放置太长时间。

（2）长期放置的电池应该采用荷电状态存储，一般可预充50%～100%的电量后存储。

（3）在存储过程中，要保证至少每3个月对电池充电一次，以恢复到饱和容量。

4. 循环寿命

随着充放电次数的增加，电池容量会下降。镍氢电池的循环寿命受放电电压幅度不同的特性曲线如图3.5所示。由图3.5可以看出：

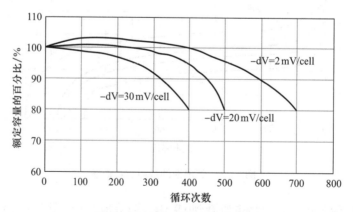

图3.5　镍氢电池的循环寿命曲线

（1）控制放电电压降幅度2 mV/cell，循环寿命可达700次以上。

（2）控制放电电压降幅度30 mV/cell，循环寿命仅为400次。

由于浅放电有利于延长镍氢电池的使用寿命，在新能源汽车上多采用浅充浅放的控制策略，即SOC控制在40%～80%之间应用，电池的使用寿命已经可以达到5年，甚至10年以上。

任务实施

☞ 任务准备

镍氢电池在新能源汽车上的应用较多，下面以丰田普锐斯混合动力汽车为例，完成镍氢电池包的拆装与检测实训。

准备任务实施所需的物料，详细信息见表3.1。

表3.1　物料准备

类别	所需物料
防护用具	人员防护：绝缘工服、绝缘手套、绝缘鞋（靴）、绝缘帽、防护眼镜。 车辆防护：翼子板布、前围垫、车内三件套、一次性脚垫。 场地防护：安全警示牌、安全围栏、绝缘胶垫、二氧化碳灭火器、车轮挡块
设备工具	仪器仪表：万用表、兆欧表、温度计、内阻测试仪、专用诊断仪。 拆装工具：工具箱、普通工具套装、绝缘组合工具、扭力扳手。 实训设备：普锐斯混合动力汽车、普锐斯混合动力实训台架
信息资料	维修资料：拆装手册、维修电路图、相关技术标准。 信息资源：课程资源库、厂家网址、网络信息平台

☞ 任务实操

1. 普锐斯镍氢电池的拆装

普锐斯镍氢电池的拆装主要步骤如下：

（1）做好人员防护与车辆防护。

（2）车辆进行高压断电，接着关闭点火开关，然后断开低压蓄电池的负极电缆，最后拆卸高压维修开关，如图3.6所示。

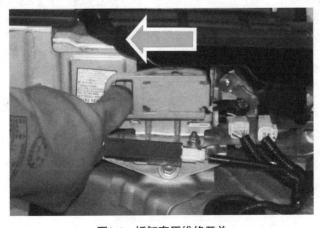

图3.6　拆卸高压维修开关

（3）拆卸高压维修开关后等待5 min，拧下电机控制器端子盖的9颗固定螺栓，如图3.7所示；然后用万用表500 V以上的电压挡测量高压母线电压，如图3.8所示，高压母线电压接近于0 V才可以进行高压系统的拆装维修。

图3.7 拆卸电机控制器子盖

（4）拆卸动力电池包上部与周围的饰板。

（5）拆卸动力电池包与电池管理系统的金属防护盖。

（6）拆卸动力电池包的冷却通风管，然后拆卸动力电池包的固定螺栓，此时可以将镍氢动力电池包抬到实训台架上。

图3.8 电压表验电

镍氢电池的安装按照与拆卸相反的顺序进行，需要注意的是：安装固定螺栓时需要查阅普锐斯混合动力汽车的维修手册，按标准力矩拧紧。请将镍氢电池拆装作业过程关键拆装步骤及注意事项记录在表3.2中。

表3.2 镍氢电池拆装作业表

车型		车辆识别代码（VIN）	
序号	拆卸步骤（安装反序）	技术要求/注意事项	结果判定
			部件正常□ 部件损坏□
			部件正常□ 部件损坏□
			部件正常□ 部件损坏□
			部件正常□ 部件损坏□
			部件正常□ 部件损坏□

2. 普锐斯镍氢动力电池的检测

第三代普锐斯动力电池系统由HV蓄电池、蓄电池智能单元、HV接线盒总成、系统主继电器（SMR）、维修塞连接器、HV蓄电池冷却鼓风机等组成。HV蓄电池由28个模组组成，每个模组电压为7.2 V，每个模组由6个电池单体组成，每个电池单体电压为1.2 V，电池包的总电压为201.6 V，普锐斯动力电池系统组成如图3.9所示。对其检测的项目包括电压测量、电流测量、温度传感器检测、数据流的读取与分析等。

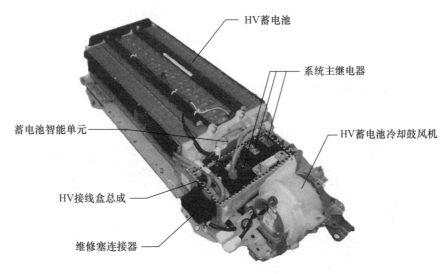

图3.9 普锐斯动力电池系统组成

（1）电池电压的测量：

① HV蓄电池总电压的测量（见图3.10）。佩戴绝缘手套，关闭点火开关，在动力电池高压输出母线端测量HV蓄电池总电压。

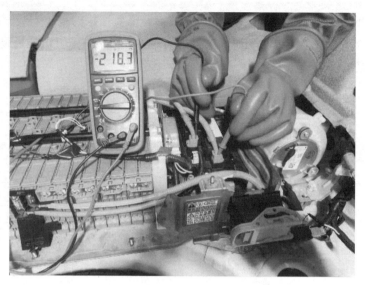

图3.10　HV蓄电池总电压的测量

② 电池模块电压的测量（见图3.11）。要对28个模块全部进行测量，所有模块电压应符合标准。

注意： 测量HV蓄电池总电压时不能断开高压维修开关，否则会造成电池模组内部断路，无电压输出。

（2）动力电池充放电电流的测量（见图3.12）。在动力电池前部的高压输出母线处，用钳形电流表钳住正极或负极的一根高压母线。在车辆高压上电纯电模式时，测量动力电池的放电电流；在发动机运行时，测量动力电池的充电电流；在车辆制动时，测量制动再生电流。

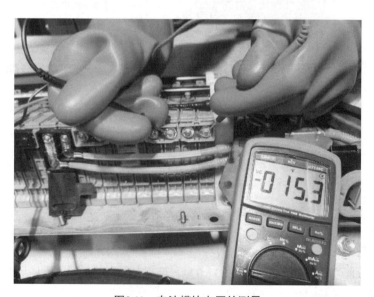

图3.11　电池模块电压的测量

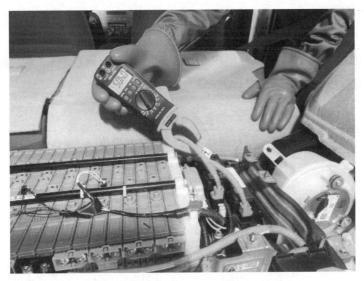

图3.12　动力电池充放电电流的测量

（3）温度传感器检测（见图3.13）：将传感器连接器从电池管理系统上拆下，选择合适的测试探针插入连接器的端子，选择万用表的200 kΩ挡进行测量。电池温度传感器在常温状态下，电阻应为20～23 kΩ，使用热水或热风对传感器加热，其电阻特性应符合PTC热敏电阻特性曲线。

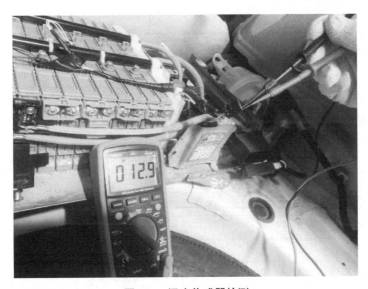

图3.13　温度传感器检测

（4）电池模组数据流的读取与分析。

读取数据流的步骤如下：

专用诊断仪诊断接口连接到车辆OBD（车载诊断系统）诊断座→车辆上电→专用诊断仪开机→车辆进入混合动力系统→选择读取数据流→选择期望读取的动力电池数据

（如电池的SOC、电池包总电压、电池模块电压、电池温度等数据流）→按下确定键读取数据。

将镍氢电池检测到的数据和专用诊断仪读取的数据记录在表3.3中，并查阅维修手册和相关技术标准对检测数据进行分析判断。

表3.3　镍氢电池检测作业记录表

检测项目	检测点	检测值	结果判定
动力电池总电压测量	电池模组内部高压输出母线正负端子		部件正常□　部件损坏□
电池模块电压测量	电池模块正负端子		部件正常□　部件损坏□
动力电池充放电电流	车辆高压输出母线		部件正常□　部件损坏□
温度传感器电阻测量	传感器连接插头		部件正常□　部件损坏□
动力电池数据流读取	车辆OBD诊断座	SOC： 总电压： 总电流： 模块电压： 电池温度： …	部件正常□　部件损坏□ 部件正常□　部件损坏□ 部件正常□　部件损坏□ 部件正常□　部件损坏□ 部件正常□　部件损坏□ 部件正常□　部件损坏□
将仪表测量的数据与用诊断仪读取的数据进行对比分析，写出分析结果			

📝 任务评估

本任务的技能评价如表3.4所示。

表3.4　镍氢电池检测评价

姓名		班级		日期	
任务	镍氢电池的检测		分值	得分	备注
任务准备	安全检查		5		
	工具检查		5		
	防护措施		5		
任务实操	熟知镍氢电池的结构		5		
	描述镍氢电池的化学原理		5		
	镍氢电池模组的拆装		10		
	镍氢电池的检测		10		

续表

姓名		班级		日期	
任务		镍氢动力电池的检测	分值	得分	备注
任务完成	操作熟练程度		5		
	团队合作完成拆装		10		
	独立完成参数测量		10		
	准确进行性能分析		5		
规范操作	正确使用工具		5		
	正确使用检测仪表		10		
	遵守现场8S管理		10		
总分					

任务二　其他动力电池的认知

📝 任务资讯

一、氢燃料电池的结构原理

1. 燃料电池的概念

燃料电池（Fuel Cell，FC）是指利用燃料和氧化剂进行氧化还原反应，从而将燃料中的化学能转化为电能的装置，燃料电池的能量转化如图3.14所示。燃料电池的燃料主要是氢气，还有甲烷、甲醇、汽油等富含氢元素的碳氢化合物；燃料电池的氧化剂主要是纯氧气或空气。燃料电池的发电技术是继水力、火力和核能之后的一种新型的发电技术，只要持续不断地给燃料电池提供燃料和氧化剂，电化学反应就能不间断地进行，从而持续输出电能。

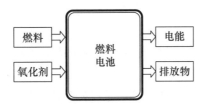

图3.14　燃料电池的能量转化

2. 燃料电池的类型及特点

燃料电池有多种分类方法，可根据电解质类型、燃料种类、工作温度的不同等进行分类。

（1）按照电解质类型的不同，燃料电池可以分为质子交换膜燃料电池、碱性燃料电池、磷酸型燃料电池、碳酸型燃料电池及固体氧化物燃料电池。虽然这5类燃料电池是基于相同的电化学基本原理，但它们却工作在不同的温度区域，使用不同的材料，而且特性也不尽相同，具体特性见表3.5。

表3.5 不同类型燃料电池的特性

类型	质子交换膜燃料电池（PEMFC）	碱性燃料电池（AFC）	磷酸型燃料电池（PAFC）	碳酸型燃料电池（MCFC）	固体氧化物燃料电池（SOFC）
电解质材料	聚合物膜	液态氢氧化钾	液态磷酸盐	碳酸锂、碳酸钾	固体氧化物
催化剂	铂	铂	铂	镍	钙钛矿（陶瓷）
工作温度/℃	80～100	60～180	190～200	600～700	700～1000
燃料	氢	氢	氢	氢、一氧化碳	氢、一氧化碳
发电效率/%	40～60	60～80	40～45	50～65	50～70
功率输出	1 kW	300 W～5 kW	200 kW	2～10 MW	100 kW

（2）按照燃料种类的不同，燃料电池可以分为氢燃料电池、甲醇燃料电池、天然气燃料电池。

① 氢燃料电池：使用纯氢作为燃料，具有高效率和低排放的特点。

② 甲醇燃料电池：使用甲醇作为燃料，可以直接利用液体燃料，方便储存和运输。

③ 天然气燃料电池：使用天然气作为燃料，适用于天然气资源丰富的地区。

（3）按工作温度的不同，燃料电池可以分为低温燃料电池、中温燃料电池、高温燃料电池。

① 低温燃料电池：工作温度通常在室温至180 ℃之间，如PEMFC和AFC。

② 中温燃料电池：工作温度在190～200 ℃之间，如PAFC。

③ 高温燃料电池：工作温度通常在200 ℃以上，如碳酸型燃料电池和固体氧化物燃料电池。

3. 燃料电池的结构原理

（1）燃料电池的结构组成：燃料电池的电池单体主要是由阳极、阴极和电解质隔膜三部分组成。

燃料电池的阳极被通入燃料气体，阴极被通入氧化气体，电极的厚度一般为200～500 μm。燃料电池的电极与一般电池的平板电极的不同之处是：燃料电池的电极为多孔结构，由于燃料电池所使用的燃料及氧化剂大多为气体（如氧气、氢气等），而气体在电解质中的溶解度并不高，为了提高燃料电池的实际工作电流密度、降低极化作用，因此开发多孔结构的电极以增加参与反应的电极表面积，燃料电池电流的大小与反应物、电极和电解质的接触面积成正比，较大的电解质接触面积能对应转化为较大的电流。

电解质隔膜的主要功能是分隔氧化剂与还原剂，并传导离子，故电解质隔膜越薄越好，但亦需要考虑隔膜的强度，现阶段隔膜厚度在几十微米至数百微米之间。为阻挡两种气体混合引起电池内短路，电解质隔膜通常为致密结构，采用的材料主要是全氟磺酸树脂。另外，电解质隔膜通常为固态，可避免被电解质腐蚀。

（2）燃料电池的工作原理：燃料电池在工作时向阳极供给燃料（如氢气），氢气在阳极催化剂的作用下发生氧化反应，分解为氢离子（H^+）和电子（e^-），氢离子进入电解质中并向阴极移动，而电子通过外电路向阴极移动。在阴极处，空气中的氧与电解质中的氢离子、外电路抵达的电子发生还原反应生成水，根据外电路电子的流动方向，可以判定阳极为燃料电池的负极、阴极为燃料电池的正极。正极和负极发生的反应式如下：

负极反应式：$H_2 \rightarrow 2H^+ + 2e^-$

正极反应式：$O_2 + 4H^+ + 4e^- \rightarrow 2H_2O$

（3）燃料电池的优点：燃料电池是一种直接将燃料的化学能转化为电能的装置，电池工作时，燃料和氧化剂由外部供给进行反应，原则上只要反应物不断输入，反应产物不断排出，燃料电池就能连续发电。燃料电池发电已被誉为是继水力、火力、核电之后的第四代发电技术，具有以下优点：

① 发电效率高。燃料电池发电不受卡诺循环的限制，目前燃料电池的能量转化效率约为40%～60%。若实现热电联供，燃料的总利用率可高达80%以上。

② 环境污染小。燃料电池以天然气等富氢气体为燃料时，排放的主要产物是水，二氧化碳的排放量比内燃机热机过程减少40%以上，对缓解地球的温室效应是十分重要的。

③ 能量密度高。液氢燃料电池的能量密度是镍镉电池的800倍，甲醇燃料电池的能量密度比锂离子电池（能量密度最高的充电电池）高10倍以上。目前，燃料电池的实际能量密度尽管只有理论值的10%，但仍比一般电池的实际能量密度高很多。

④ 辐射少。燃料电池的结构简单，辐射少，损耗少。

⑤ 燃料范围广。对于燃料电池而言，只要是含有氢原子的物质，都可以作为燃料，如天然气、石油、煤炭等化石产物，或沼气、酒精、甲醇等，燃料电池非常符合能源多样化的需求，可减缓主流能源的消耗。

⑥ 可靠性高。当燃料电池的负载有变动时，电池会很快响应。无论是处于额定功率以上过载运行，还是低于额定功率运行，它都能承受且效率变化不大。由于燃料电池的运行高度可靠，因此可作为各种应急电源和不间断电源使用。

二、超级电容器的工作原理

1. 超级电容器概述

超级电容器是20世纪70年代以后发展起来的通过极化电解质来储能的一种功率型电子元器件。超级电容器不同于传统的化学电池，它是一种介于传统电容器与电池之间的具有特殊性能的电源，主要依靠双电层和氧化还原准电容电荷来储存电能，但在储能的过程中并不发生化学反应。这种储能过程是可逆的，也正因为如此，超级电容器可以反复充放电数十万次。相较于蓄电池而言，超级电容器作为新型储能装置具有适应环境能力强、温度特性好、使用寿命长、可快速充电等诸多优点。

根据储能机理的不同，超级电容器可分为双电层电容器和法拉第准电容器两类。双电层电容器主要是通过纯静电电荷在电极表面进行吸附来产生和存储能量。法拉第准电容器主要是通过法拉第准电容活性电极材料（如过渡金属氧化物和高分子聚合物）表面及表面附近发生的可逆氧化还原反应产生法拉第准电容，从而实现对能量的存储与转换。

2. 双电层电容器的工作原理

双电层电容器是通过电极与电解质之间形成的界面双层来存储能量的新型元器件。当电极与电解质接触时，由于界面间库仑力、分子间力及原子间力的相互作用，从而使固液界面出现稳定和符号相反的双层电荷，即为界面双层。对于一个电极-溶液系统来说，系统会因电极的电子导电和电解质的离子导电而在固液界面间形成双电层。当外加电场施加在两个电极上后，溶液中的阴、阳离子会在电场的作用下分别向正、负电极迁移，从而在电极表面形成双层电荷；当外加电场撤离后，电极上的正负电荷与溶液中具有相反电荷的离子会互相吸引而使双电层变得更加稳定，可在正负极间产生稳定的电位差，如图3.15所示。

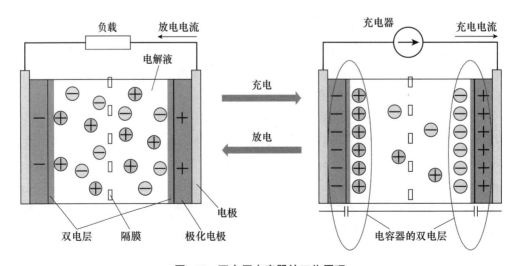

图3.15 双电层电容器的工作原理

在电极-溶液系统中，对于某一电极来说，表面一定距离内会产生与电极上的电荷等量的异性电荷，使电极保持电荷中性；当两极和外电源连接时，由于电极上的电荷迁移作用而在外电路中产生相应的电流，溶液中极板表面上的正负离子迁移到溶液中会呈现电中性，这就是双电层电容器的充放电原理。

3. 法拉第准电容器的工作原理

法拉第准电容器是在电极表面或体相中的二维或准二维空间上，由活性物质进行欠电位沉积，发生高度可逆的化学吸附、脱附或氧化还原反应，产生和电极充电电位有关的电容。法拉第准电容器不仅可在电极表面，而且可在整个电极内部产生氧化还原反应，因而可获得比双电层电容器更高的电池容量和能量密度。在相同电极面积的情况下，法拉第准电容器的电池容量可以是双电层电容器电池容量的10～100倍。

在充电阶段，离子在电场驱动下迁移至电极界面，通过氧化反应（如金属氧化物的还原或导电聚合物的掺杂）嵌入电极材料内部，同时电子通过外电路转移，完成电荷存储。

在放电阶段，嵌入的离子通过逆反应（如氧化或脱掺杂）释放回电解液，电子经外电路回流，实现能量释放。由于反应高度可逆，该过程可重复数十万次。

4. 超级电容器的特点

与蓄电池、传统物理电容器相比，超级电容器主要有以下几个方面的特点：

（1）功率密度高。超级电容器的功率密度可达102～104 W/kg，远高于蓄电池的功率密度。

（2）循环寿命长。在几秒钟的高速深度充放电循环50万次至100万次后，超级电容器的特性变化很小，电池容量和内阻仅降低10%～20%。

（3）工作温限宽。由于在低温状态下超级电容器中离子的掺杂和脱掺杂速度变化不大，因此超级电容器的电池容量变化远小于蓄电池。商业化超级电容器的工作温度范围可达-40～80 ℃。

（4）免维护。超级电容器充放电效率高，对过充电和过放电有一定的承受能力，可稳定地反复充放电，在理论上是不需要进行维护的。

（5）绿色环保。超级电容器在生产过程中不使用重金属和其他有害的化学物质，且自身寿命较长，因而是一种新型的绿色环保电源。

（6）较强的充放电能力。可快速充电，也可大电流放电。超级电容器可以在大电流下，数十秒或者数分钟内快速完成充电。

（7）安全可靠性高。超级电容器在失效时相当于开路，而且过电压不会被击穿。

5. 超级电容器的应用领域

（1）电力系统。超级电容器在电力系统中的应用主要集中在分布式发电系统和配电网系统中。分布式发电系统主要有风力发电和光伏发电，这些新能源发电方式存在的缺陷是输出功率不稳定，倘若这些分布式发电系统并入电网，必然会对电网造成冲击，对电网的安全稳定运行造成损害。超级电容器具有功率密度高、储能效率高的特点，所以可作为分布式发电系统的储能装置，也可为电网提供瞬时补偿功率。

（2）军事领域。在军事领域的设备中，许多现场设备不能直接从电网获得电力，需要储能系统提供电力，这对能量存储部件有非常苛刻的要求，需要储能部件具有高可靠性、良好的隐蔽性和轻便等特点。因超级电容器具有独特的优势，因而在军用设备领域得到了快速而广泛的发展。例如，并联使用超级电容器和铅酸电池不仅可以大大改善车辆（如装甲车、军用卡车和越野车等特种车）的低温启动性能，也可以有效提高车辆的可靠性、增强动力。

（3）电动汽车及混合动力汽车。电动汽车在启动和加速时需要的电流很大，冲击电流过大会损坏蓄电池或燃料电池，缩短使用寿命。采用超级电容器和蓄电池或燃料电池结合的方式不仅可以减少对电池的损害，延长电池的使用寿命，而且可以提高制动能量的回收利用率，保证了新能源汽车的实用性、可靠性，节省了燃油。

（4）城市轨道交通。列车作为城市轨道交通中的公共交通工具，需要频繁地启动、制动，在这段时间内通常会产生过大的冲击电流和制动能量的浪费。超级电容器可以很好地解决大电流冲击和能量回收的问题，当车辆制动时，回收并储存制动能量；当车辆需要加速时，释放制动时储存的能量，能有效地提高能源的有效利用率。

（5）日常生活领域。超级电容器在民用领域中，作为储能器件也得到了广泛应用。在日常生活领域中，如手机、相机、路灯、电动玩具等都应用了超级电容器储能技术，并达到了良好的储能效果。

任务实施

☞ 任务准备

准备任务实施所需的物料，详细信息见表3.6。

表3.6 物料准备

类别	所需物料
防护用具	人员防护：绝缘工服、绝缘手套、绝缘鞋（靴）、安全帽、防护眼镜。 车辆防护：翼子板布、前围垫、车内三件套、一次性脚垫。 场地防护：安全警示牌、隔离栏、绝缘胶垫、二氧化碳灭火器、车轮挡块
设备工具	燃料电池工作原理实训台架、万用表、绝缘组合工具
信息资料	维修资料：拆装手册、维修电路图、相关技术标准。 信息资源：课程资源库、厂家网址、网络信息平台

☞ 任务实操

（1）观察氢燃料电池工作原理实训台架，找到设备电源插头、电源开关、电池模组、氢气发生器、各种仪表装置等，并判断各部件的性能状态，将检查结果记录在表3.7中。

（2）根据表3.7中的提示完成氢燃料电池检测的操作过程，并进行结果判断。

表3.7　氢燃料电池检测作业

序号	操作步骤	技术要求/注意事项	结果判定
1	氢燃料电池认知	开关装置； 电池模组； 仪表装置； 氢气发生器	部件正常□　部件故障□ 故障原因：＿＿＿＿＿＿＿＿
2	加注蒸馏水	使用前氢气发生器应加注蒸馏水。 操作标准：液位置于L～H范围内，尽量接近上限	完成□ 未完成□　原因：＿＿＿＿＿
3	制作氢气	启动氢气发生器电源开关；等待发生器的气压表达到0.2 MPa时，缓慢旋转开启储氢罐阀门，氢燃料电池开始工作	完成□ 未完成□　原因：＿＿＿＿＿
4	反应充电	按下充电开关，氢燃料电池将氢气转化为电能，对储能电池充电；通过电压表与电流表查看数据，分析氢燃料电池的发电与充电状态	电压表数据：＿＿＿＿＿＿ 电流表数据：＿＿＿＿＿＿ 充电状态：＿＿＿＿＿＿＿
5	检测电压	使用万用表检测发电电压；氢燃料电池的发电电压标准值为12～16 V	电压数据：＿＿＿＿＿＿＿ 充电状态：＿＿＿＿＿＿＿

任务评估

本任务的技能评价如表3.8所示。

表3.8　燃料电池检测评价

姓名		班级		日期	
任务	燃料电池检测		分值	得分	备注
任务准备	安全检查		5		
	工具检查		5		
	防护措施		5		
任务实操	掌握燃料电池的结构		5		
	描述燃料电池的工作原理		5		
	燃料电池工作原理实训台架操作		10		
	充电性能的检测		10		
任务完成	操作熟练程度		5		
	团队合作完成操作		10		
	独立完成参数测量		10		
	准确进行性能分析		10		
规范操作	正确使用工具		5		
	正确使用检测仪表		10		
	遵守现场8S管理		5		
总分					

项目习题

1. 填空题

（1）1899年，瑞典科学家沃尔德马·尤格尔在开口型镍镉电池中，首先使用了镍极板，该电池属于_____。

（2）镍氢电池主要由_____、_____、_____、_____和外壳等部件组成。

（3）第三代普锐斯HV蓄电池由_____个模组组成，每个模组电压为7.2 V，蓄电池总电压201.6 V。

（4）燃料电池是指利用_____和_____进行氧化还原反应，从而将燃料中的化学能转化为电能的装置。

（5）燃料电池的电池单体主要由_____、_____和_____三部分组成。

2. 选择题

（1）镍氢电池的负极主要材料为（　　　）。

    A. 氢氧化镍　　　　B. 镍酸锂　　　　　C.氢氧化钾　　　　D. 储氢合金

（2）关于镍氢电池的特性描述正确的有（　　　）。

    A. 储存温度越高，自放电越快

    B. 储存温度越低，自放电越快

    C. 大倍率电流放电，放电容量越大

    D. 小倍率电流放电，放电容量越大

（3）镍氢电池单体的额定电压为（　　　）。

    A. 3.2 V　　　　　B. 2.0 V　　　　　C. 3.6 V　　　　　D. 1.2 V

（4）燃料电池的优点有（　　　）。

    A.发电效率高　　　B. 环境污染小　　　C. 可靠性高　　　D. 成本低

（5）根据超级电容器储能机理的不同，可将超级电容器分为（　　　）电容器和法拉第准电容器两大类。

    A. 单电层　　　　　B. 双电层　　　　　C. 三电层　　　　　D. 四电层

3. 判断题

（1）1978年，美国成功研制出功率大、重量轻、寿命长的镍氢电池，该电池属于低压气体镍氢电池，使用容器存储氢气，安全性较好。　　　　　　　　　　　　　（　　　）

（2）镍氢电池的安全阀安装在电池顶部，具有自动密封作用，当电池内部压力过大时安全阀开启，释放气体，降低电池内部压力，确保电池的安全。　　　　　　（　　　）

（3）镍氢电池小倍率电流充电，温度上升较快；当采用1C倍率电流充电时，电池温度上升就比较慢。　　　　　　　　　　　　　　　　　　　　　　　　　（　　　）

（4）检测镍氢电池前要进行高压断电，拆下高压维修塞，因此测量电池模组时可以不用佩戴绝缘手套。　　　　　　　　　　　　　　　　　　　　　　　　　　（　　）

（5）超级电容器主要依靠双电层和氧化还原准电容电荷储存电能，在储能的过程并不发生化学反应，正因为此，超级电容器可以反复充放电数十万次。　　　　　　（　　）

4. 简答题

（1）相较于铅酸电池与镍镉电池，镍氢电池有哪些优点？

（2）简述普锐斯动力电池检测的主要项目。

（3）简述燃料电池的工作原理。

项目四

动力电池管理系统检测维修

知识体系

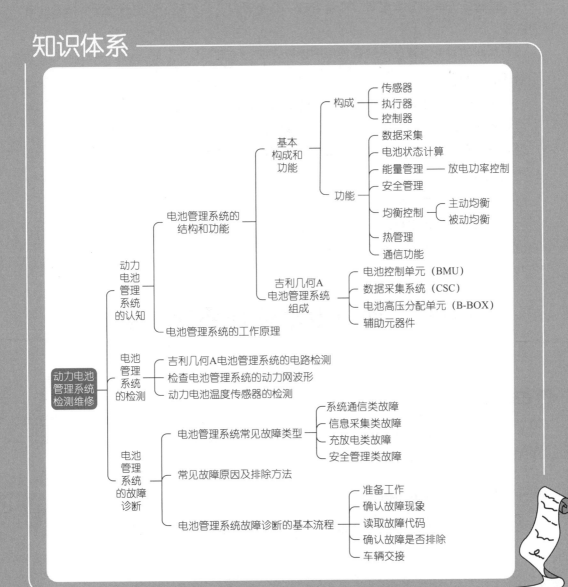

📝 **项目导入** ──

场景：某校新能源汽车实训中心。

人物：学生、教师。

情节：学生已经学习了新能源汽车动力电池的相关内容，已对新能源汽车动力电池有一定的认识，能完成新能源汽车动力电池的拆装和检测，但是对动力电池管理系统的检测维修等还不了解，需要继续学习。

📝 **项目目标** ──

◎ **知识目标**

（1）了解动力电池管理系统的作用、组成及功能。

（2）理解动力电池数据采集、能量管理、安全管理、热管理、充电管理及故障诊断管理的机理。

（3）掌握动力电池管理系统数据流的读取方法。

◎ **能力目标**

（1）能在实车上找到动力电池管理系统的组成部件。

（2）能规范、独立地完成动力电池管理系统的供电电源及通信信号的测量。

（3）能独立地完成动力电池管理系统的故障诊断与分析。

◎ **素质目标**

（1）培养学生相互交流、相互沟通的团队合作意识。

（2）培养学生查找资料、自主学习的能力。

（3）培养学生勇于创新的意识。

任务一　动力电池管理系统的认知

📝 **任务资讯** ──

汽车电池的发展经历了几个重要阶段，其中包括铅酸电池、镍镉电池、镍氢电池，以及目前广泛使用的锂离子电池。

一、电池管理系统的结构和功能

通过检测电池组中各电池单体的状态来确定整个电池管理系统的状态，并根据它们的状态对动力蓄电池系统进行相应的控制调整和策略实施，实现对动力蓄电池系统及各电池单体的充放电管理，以保证动力蓄电池系统的安全稳定运行。

1. 电池管理系统的基本构成和功能

电池管理系统主要由传感器、执行器、控制器（电控单元）等组件构成，主要用于采集系统的电压、电流、温度等数据，进行复杂的计算，与整车其他部件进行通信，完成特定的功能（如判定系统的运行边界、控制系统的异常状态等），智能化管理及维护各个电池单体，防止电池出现过充电和过放电情况，延长电池的使用寿命。电池管理系统的功能主要包括：数据采集（电压、电流、温度测量）、电池状态计算（SOC计算）、能量管理、安全管理、均衡控制、热管理、通信等。

（1）数据采集：电池管理系统可按电池包内安装的传感器提供的信号对电池进行管理，主要采集电池单体电压、电池包总电压及电池温度、电流等。电池管理系统的所有算法、新能源汽车的能量控制策略、驾驶员的驾驶信息等都以采集到的数据作为输入参数。采样速率、精度和前置滤波特性是影响电池系统性能的重要指标。新能源汽车电池管理系统的采样速率一般要求大于200 Hz（即采样周期小于50 ms）。

（2）电池状态计算：电池状态计算主要包括电池组SOC和电池组健康状态（state of health，SOH）两方面。SOC用来提示动力电池组的剩余电量，是计算和估计新能源汽车续航里程的基础。SOH用来提示电池技术状态、预计可用寿命等有关健康状态的参数。电池管理系统能准确地估测动力电池组的荷电状态，防止电池因过充电或过放电而受损，可以随时显示新能源汽车储能电池的剩余能量或荷电状态。

（3）能量管理：能量管理功能是指电池管理系统可通过合理控制电池的充电和放电过程来优化电池性能和延长电池寿命。在充电过程中，电池管理系统以电压、电流、温度、SOC和SOH作为输入参数进行充电过程控制；在放电过程中，电池管理系统以温度、SOC和SOH等参数作为输出参数进行放电功率控制。能量管理的工作原理如图4.1所示。

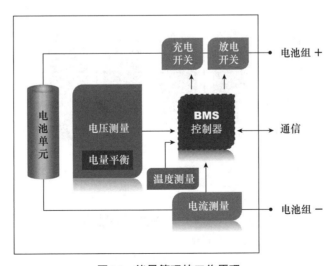

图4.1　能量管理的工作原理

（4）安全管理：监控电池电压、电流、温度是否超过正常范围，防止电池组过充电或过放电。电池管理系统能在诊断到故障后，通过网络通知整车控制器（VCU），并要求整车控制器进行有效处理（超过一定阈值后，电池管理系统可以切断主回路电源），以防止高温、低温、过充电、过放电、过流、漏电等对电池和人身造成损害的情况发生。随着新能源汽车技术的发展，在对电池组进行整组监控的同时，多数电池管理系统已经发展到可以对电池单体进行过充电、过放电等安全状态的管理。

（5）均衡控制：均衡控制主要存在于电池单体串联时。类似于"木桶原理"，电池组的工作状态是由"最差"的电池单体决定的。电池单体的不一致性使得电池组的电池容量小于电池组中最小电池单体的电池容量。电池均衡是指根据电池单体的信息，在电池组各个电池之间设置均衡电路，实施均衡控制，使得各电池单体充放电的工作情况尽量一致，以提高电池组整体的工作性能。

均衡控制有主动均衡和被动均衡两种。主动均衡是指基于削峰填谷的理念进行能量的转移（见图4.2）。实现能量转移的具体形式不一，有通过变压器进行能量转移的，也有利用电容器等储能元器件进行能量转移的。被动均衡是指能量的消耗（见图4.3），即在电压高的电池单体中接入电阻，让多出来的能量消耗在电阻上。

（6）热管理：电池热管理其实就是对电池的冷却和加热管理。电池热管理系统结构如图4.4所示，主要包含压缩机、冷凝器、风机、加热器、水泵、热交换板、控制器等。根据电池组内温度分布信息及充放电需求，确定主动加热或散热的强度，使得电池尽可能工作在最适合的温度，以充分发挥电池的性能。电池工作温度超高时，电池热管理系统即开启冷却功能；电池温度低于适宜工作温度下限时，电池热管理系统即开启加热功能。同时，在电池工作过程中，电池热管理系统能保持电池单体间温度均衡。对于大功率放电和高温条件下使用的电池，电池的热管理功能尤为必要。

图4.2 主动均衡

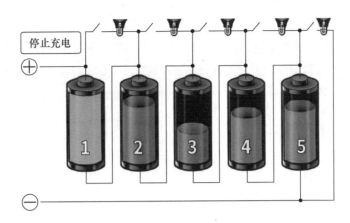

图4.3　被动均衡

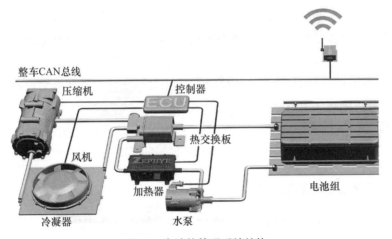

图4.4　电池热管理系统结构

（7）通信功能：电池管理系统需要与整车控制器等网络节点通信，这可以实现电池参数、信息与车载设备或非车载设备之间的通信，为充放电控制、整车控制提供数据依据。数据交换可采用不同的通信接口，如模拟信号、PWM信号（脉冲宽度调制信号）、CAN总线或串行接口，一般的车载网络均采用CAN总线技术。

2. 典型电池管理系统的组成

动力电池管理系统类似于其他电控系统，是由传感器、执行器、控制器（电控单元）等组件构成，按性质可分为硬件和软件两部分。动力电池管理系统的硬件可以分为主控模块和从控模块，主要由数据采集单元（采集模块）、中央处理单元（主控模块）、显示单元、均衡单元检测模块（电压传感器、电流传感器、温度传感器、漏电检测）、控制部件（熔断装置、继电器）等组成。其中，数据采集单元由温度采集模块、电压采集模块等组成，中央处理单元由高压控制回路、主控板等组成。一般采用CAN总线技术实现相互间的通信。电池管理系统的软件包括监测电池的电压、电流、SOC值、绝缘电阻值、温度值等的软件，电池管理系统通过与整车控制器、车载充电机通信来控制电池的充放电。

不同车型中，电池管理系统的组成不完全相同，本任务以吉利几何A为例介绍。

吉利几何A的电池管理系统按功能分为电池控制单元（BMU）、数据采集单元（CSC）、电池高压分配单元（B-BOX）及辅助元器件，各单元之间通过CAN总线进行通信。

（1）电池控制单元：电池控制单元集成于动力电池总成内部，是电池管理系统的核心部件，电池控制单元通过CAN总线接收信息采集系统传递来的电池基本信息；将电池单体电压、电流、温度及整车高压绝缘电阻等数据上报给整车控制器，并根据整车控制器的指令完成对动力电池的控制。

（2）数据采集单元：吉利几何A的动力电池有17个电池模组，每个电池模组配备一套数据采集单元，数据采集单元监测每个电池单体和电池模组的电压、电流、温度等数据。数据采集单元将相关数据上报给电池控制单元，并根据电池控制单元的指令均衡电池单体电压。

（3）电池高压分配单元：电池高压分配单元安装在动力电池总成的正负极输出端，由高压正极继电器、高压负极继电器、预充继电器、电流传感器和预充电阻等组成。电池高压分配单元通过控制高压继电器来控制高压电路的通断，同时电流传感器还将动力电池总电流监测信号转换成低压电信号发送到CAN总线上。高压继电器通过继电器线圈侧的低压电信号来控制开关侧高压主电路的通断。

（4）辅助元器件：辅助元器件主要包括动力电池系统内部的电子电器元件（如熔断器、分流器、插接件等）、维修开关及电子电器元件以外的辅助元器件（如密封条、绝缘材料）。

二、电池管理系统的工作原理

最早的电池管理系统仅仅用于采集电池的一次参数（如电压、电流、温度等），之后发展到用于测量和预测二次参数（如剩余电量、内阻），并根据参数值进行电池状态的预警。现阶段，电池管理系统除完成数据测量和预警外，还可以通过数据总线直接参与车辆状态的控制。

本任务以吉利几何A为例，介绍电池管理系统的主要工作原理（见图4.5），电池管理系统的工作原理可简单归纳为：通过通信接口与整车控制器、电机控制器、车载显示系统等进行通信。首先利用数据采集单元采集动力电池的电压、电流、温度等数据，然后将采集到的数据上报给电池控制单元，并根据电池控制单元的指令执行电池单体电压均衡。电池控制单元将电池单体的电压、电流、温度及整车高压绝缘电阻等数据上报给整车控制器，并根据整车控制器的指令完成对动力电池的控制。

吉利几何A的电池管理系统能够对动力电池组总电压、总电流、每个测点温度和电池单体的电压参数进行实时监控，并进行故障诊断、剩余电量计算、短路保护、漏电监测、报警显示、充放电模式选择等操作。电池管理系统可以将动力电池相关参数上报给整车控制器，由整车控制器控制动力电池的充电和放电功率。

交流充电时，充电枪与车辆交流充电接口连接，车载充电机发送充电唤醒信号给电池管理系统，电池管理系统检测电池组是否满足充电条件，若条件满足，电池管理系统与充电桩进行充电握手操作，交流充电桩根据电池组的参数信息对电池组进行充电。若条件不满足，电池管理系统向充电桩反馈不满足充电条件和响应消息，交流充电桩切断与电池组的物理连接。

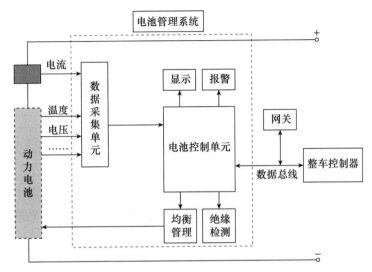

图4.5　吉利几何A电池管理系统工作原理

直流充电桩设备连接车辆直流充电接口时，直流充电设备发送充电唤醒信号给电池管理系统，电池管理系统根据动力电池的可充电功率，向直流充电设备发送充电电流指令，同时电池管理系统吸合高压正极继电器和高压负极继电器，动力电池开始充电。

吉利几何A充电系统原理如图4.6所示。

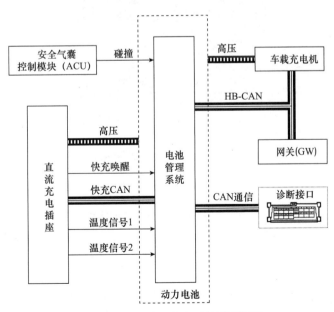

图4.6　吉利几何A充电系统原理框图

🖹 任务实施

☞ 任务准备

准备任务实施所需的物料，详细信息见表4.1。

表4.1　物料准备

类别	所需物料
整车	新能源汽车
设备、仪器、工具	高压安全防护用品、兆欧表、万用表

☞ 任务实操

认知吉利几何A 的电池管理系统内部结构，吉利几何A电池管理系统内部结构如图4.7所示，主要由上盖、紧固件、PCBA（印刷电路板装配）、下盖组成。

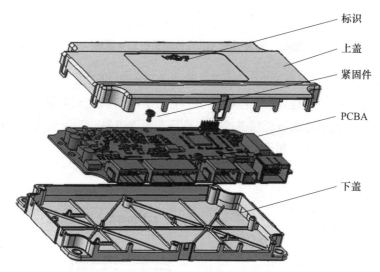

标识
上盖
紧固件
PCBA
下盖

图4.7　吉利几何A电池管理系统内部结构图

对新能源汽车电池管理系统进行了解，将结果记录在表4.2中，并注意做好安全防护。

表4.2　动力电池管理系统的认知

内容	结果判定
安全防护	是□　否□
车辆状态检查	是□　否□
电池管理系统安装位置认知	位置：

续表

内容			结果判定
电池管理系统针脚认知	端子名称	端子号	测量电压
	B+		
	GND接地		
	HB CAN-H		
	HB CAN-L		
复原场地，工具整理			是□　否□

注意： 操作过程中应确保环境清洁、干燥安全。

任务评估

本任务的技能评价如表4.3所示。

表4.3　动力电池管理系统认知评价

姓名		班级		日期	
任务	动力电池管理系统认知		分值	得分	备注
任务准备	安全检查		10		
	工具检查		10		
	防护措施		10		
任务实操	电池管理系统安装位置记录		10		
	电池管理系统针脚端子号		10		
	电池管理系统针脚电压		10		
任务完成	操作熟练程度		10		
	工作效率		10		
	任务工单完整规范		10		
规范操作	符合作业规程		10		
总分					

任务二　电池管理系统的检测

任务资讯

动力电池管理系统的主要功能之一就是采集数据，作为电池管理系统中其他功能的基础与前提，数据采集的精度和速度能够反映出电池管理系统的优劣。数据采集的对象一般为电压、电流、温度。通过数据采集能够对电池的外部特性参数进行检测。本任务主要介绍电池管理系统电路的检测。

一、吉利几何 A 电池管理系统的电路检测

吉利几何A电池管理系统CA69连接器电路如图4.8所示，可根据电路图对电池管理系统的模块接地、供电和动力电池总线波形进行测试。首先，使用万用表电压挡检测低压蓄电池电压，若电压低于12 V，应先进行充电，然后再进行下一步检测。

1. 测量电池管理系统的模块接地

用万用表200 Ω电阻挡测量电池管理系统的端子CA69-2与车身地间、端子CA69-5与车身地间的电阻值，标准值应小于1 Ω。测量结果若异常，则需要检查接地点，注意应减去万用表内阻。

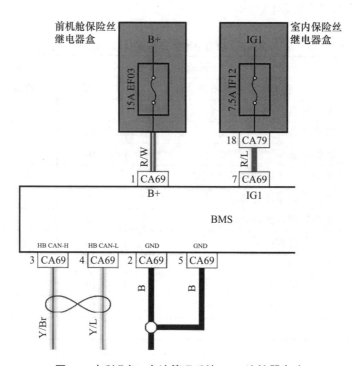

图4.8　吉利几何A电池管理系统CA69连接器电路

2. 检查电池管理系统的电源电压

常电电压测量：用万用表20 V电压挡测量电池管理系统的端子CA69-1与车身地间的电压值，标准值应为11～15 V，测量结果若异常，则需要检查配电盒15 A保险丝EF03及线路。

点火开关电压测量：将电源开关置于ON挡，用万用表20 V电压挡测量电池管理系统CA69-7与车身地间的电压值，标准值应为11～15 V，测量结果若异常，则需要检查配电盒

7.5A保险丝IF12及线路。

二、检查电池管理系统的动力网波形

检查电池管理系统的动力网波形时，操作人员应做好安全防护，按照相关规范的要求，连接示波器测试线，如图4.8所示，将示波器的1号通道信号测试针连接至电池管理系统动力网端子CA69-3，即连接至总线通信系统HB CAN-H的连接点；将示波器的2号通道信号测试针连接至电池管理系统动力网端子CA69-4，即连接至总线通信系统HB CAN-L的连接点；示波器黑色测试线接地连接。将车辆的电源开关置于ON挡，进行纵横坐标调节，测量电池管理系统中动力网CAN-H和CAN-L波形。正常电压波形应上下对称，平均值接近2.5 V，波形如图4.9所示，CAN-H电压值在2.5～3.5 V之间变化；CAN-L电压在1.5～2.5 V之间变化。若波形异常，则需要检测HB-CAN总线电路。

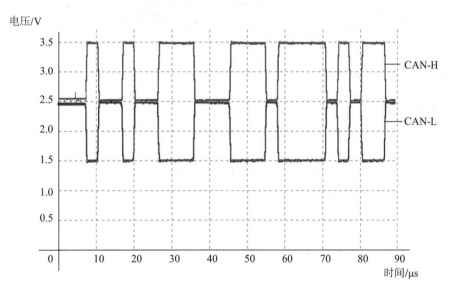

图4.9　电池管理系统动力网波形

三、动力电池温度传感器的检测

电池的工作温度不仅影响电池的性能，而且直接关系到新能源汽车在使用中的安全问题，电池从设计到使用都应该考虑工作温度。因此，准确采集温度参数尤为重要。目前，市面上温度传感器种类较多，如热电偶、热敏电阻、热敏晶体管、集成温度传感器等。

动力电池使用的温度传感器是负温度系数的热敏电阻温度传感器，一般选用的阻值为R25-10 kΩ（在25 ℃时的标称阻值为10 kΩ）。在使用万用表对热敏电阻温度传感器进行检测时，要分别进行常温检测与加温检测。

常温检测法（室内温度接近25 ℃）：将万用表的红表笔、黑表笔分别接在热敏电阻温度传感器两端的两个引脚上测量电阻值，若热敏电阻温度传感器正常，则测得的电阻值应接近热敏电阻温度传感器的标称阻值（两者相差在±5%范围内即为正常）；若测得的

电阻值与标称阻值相差较远，则说明该热敏电阻温度传感器性能不良或已损坏。

加温检测法：在常温检测正常的基础上，可进行第二步检测——加温检测。将热源（如电烙铁、电吹风等）靠近热敏电阻温度传感器，对其加热，同时观察万用表指针指示的阻值是否随温度的升高而减少，若是，则说明热敏电阻温度传感器正常；若阻值无变化，则说明热敏电阻温度传感器性能不良。

📝 任务实施

☞ 任务准备

准备任务实施所需的物料，详细信息见表4.4。

表4.4　物料准备

类别	所需物料
整车	新能源汽车
设备、仪器、工具	高压安全防护用品、兆欧表、万用表

☞ 任务实操

查找针脚号，用相应仪器测量电池管理系统的参数，并将结果记录在表4.5中。

表4.5　电池管理系统的检测参数记录

内容	结果判定
安全防护	是□　否□
车辆状态检查	是□　否□
电池管理系统电路的检测	模块接地电压： 电源电压：
电池管理器的动力网波形	CAN-H电压： CAN-L电压：
动力电池温度传感器的检测热敏电阻	常温阻值R= 加热半小时后阻值R=
复原场地，工具整理	是□　否□

注意： 操作过程中应确保环境清洁、干燥安全。

任务评估

本任务的技能评价如表4.6所示。

表4.6　电池管理系统的检测评价

姓名		班级		日期	
任务	电池管理系统的检测		分值	得分	备注
任务准备	安全检查		10		
	工具检查		10		
	防护措施		10		
任务实操	电池管理系统电路的检测参数记录		10		
任务实操	电池管理系统的动力网波形判断		10		
	动力电池热敏电阻温度传感器的检测		10		
任务完成	操作熟练程度		10		
	工作效率		10		
	任务工单完整规范		10		
规范操作	符合作业规程		10		
总分					

任务三　电池管理系统的故障诊断

任务资讯

一、电池管理系统常见故障类型

1. 系统通信类故障

系统通信类故障主要有两大类：一是电池管理系统的主控模块与整车控制系统的通信，二是电池管理系统的主控模块与电池包内部分控模块的通信。造成故障的主要原因有电池管理系统的主控模块供电异常、接地异常、通信总线异常等。这类故障可以造成整个电池管理系统无法工作、高压系统无法上电、车辆仪表无电池管理系统信息显示等。

2. 信息采集类故障

常见的信息采集类故障包括电流采集异常、电压采集异常、温度采集异常等。这类故障可以引起动力电池管理系统报警、仪表信息显示异常等，严重的信息采集类故障可以引起动力输出下降和高压系统无法上电。

3. 充放电类故障

充放电类故障包括预充电故障、慢充故障、快充故障。预充电故障通常不影响车辆的低压上电，但会造成车辆无法高压上电；慢充故障和快充故障一般不影响车辆启动，但是会造成动力电池无法补充电能。

4. 安全管理类故障

安全管理类故障包括漏电（绝缘）故障、高压互锁故障、温度过高故障等。这类故障一般会造成动力电池的输出功率降低，严重的安全管理类故障会导致车辆无法高压上电，车辆不能启动。

二、电池管理系统常见故障原因及排除方法

电池管理系统的故障类型较多，会涉及电池单体、电池模组、电池安全监控电路、充放电电路、通信电路等，下面从故障描述、可能原因、排除方法三个方面来介绍常见故障案例，如表4.7所示。

表4.7　电池管理系统常见故障案例

序号	故障描述	可能原因	排除方法
1	电池管理系统模块的供电电压低 电池管理系统模块的供电电压高 高压上电时蓄电池电压无效	（1）供电保险丝熔断； （2）供电电源线路故障； （3）供电接地线路故障； （4）蓄电池或直流转换器（DC-DC）故障	（1）测保险丝，熔断则更换； （2）修复线路，必要时换线束； （3）蓄电池充电，必要时更换； （4）测量DC-DC输出电压，若损坏需更换
2	动力CAN总线数据丢失 与整车控制器丢失通信 与电机控制器丢失通信	（1）CAN总线断路、短路； （2）CAN-H与CAN-L接反； （3）终端电阻损坏； （4）电池管理系统模块故障	（1）测量总线的导通性，有短路或断路情况时需进行修复； （2）测量CAN-H和CAN-L的波形，发现接反时应进行对调； （3）模块针脚若虚接，进行修复； （4）更换电池控制单元的主控模块

续表

序号	故障描述	可能原因	排除方法
3	电池包总电压过压 电池包总电压欠压	（1）电池包过度充电； （2）电池包过度放电； （3）数据采集单元电压采样异常	（1）使用故障诊断仪读取故障代码，优先排除其他故障代码指示的故障； （2）对电池控制单元进行复位，再次检查确认故障是否排除，若未排除，进行下一步操作； （3）更换动力电池总成； （4）读取电池控制单元数据； （5）确认系统是否恢复正常
4	总电流采样失效	（1）电流传感器故障； （2）电流传感器线路故障； （3）电池控制单元自身故障	
5	电池低温 电池过温 电池温差过大	（1）温度传感器故障； （2）电池单体内部故障； （3）冷却系统故障； （4）入口与出口温度传感器故障	
6	主正继电器无法闭合故障 主正或主负继电器下电粘连故障	（1）继电器线圈故障； （2）继电器触点故障； （3）继电器电源或控制信号线故障； （4）电池控制单元自身故障	
7	电池控制单元检测到高压互锁开路 高压回路断路	（1）电池包内高压互锁线路故障； （2）高压线路断路； （3）电池控制单元自身故障	
8	高压继电器闭合的前提下，绝缘故障（严重） 高压继电器断开的前提下，绝缘故障（严重）	（1）动力电池高压线束绝缘不良； （2）动力电池绝缘不良； （3）直流充电座绝缘不良； （4）车载充电机绝缘不良	（1）进行动力电池与直流充电座间高压线束的绝缘检测，若不符合要求，更换高压线束； （2）进行动力电池与车载充电机间高压线束的绝缘检测，若不符合要求，更换高压线束； （3）进行动力电池绝缘检测，若不符合要求，更换动力电池； （4）进行直流充电座与车载充电机之间的绝缘检测，若不符合要求，更换车载充电机总成

三、电池管理系统故障诊断的基本流程

结合电池管理系统在实际中的故障类型及常见原因，进行故障诊断一般可以按以下步骤进行。

1. 准备工作

做好安全防护,准备好设备、工具与参考资料。

2. 确认故障现象

确认故障现象的方法:启动车辆,观察组合仪表是否正常工作;整车故障指示灯与动力电池故障指示灯是否正常点亮;READY指示灯是否正常点亮;车辆底部动力电池包内是否听到"咔嗒"声,通过这些现象可以初步判断动力电池及电池管理系统是否存在故障。

3. 读取故障代码

(1)将故障诊断仪连接到车辆诊断接口上。

(2)操作启动开关,使车辆低压上电(电源处于ON模式)。

(3)故障诊断仪开机,按照故障诊断仪的屏幕提示,对电池管理系统进行诊断。若故障诊断仪与电池管理系统无法通信,则进行下一步诊断;若故障诊断仪能与电池管理系统进行通信,则按下面的步骤(6)进行检查。

(4)若故障诊断仪与电池管理系统无法通信,首先确认故障诊断仪和车辆诊断接口是否正常。

(5)如果故障诊断仪和车辆诊断接口正常,则重点检查电池管理系统与车辆诊断接口CAN总线线路、电池管理系统模块的供电与接地。如没有发现异常,则可以更换电池管理系统模块,再次确认是否可以建立通信。

(6)车辆诊断仪与电池管理系统模块能建立通信,则读取电池管理系统模块内存的故障代码。

(7)分析故障代码含义,查阅故障代码关联的电路图。

(8)利用万用表、示波器等对故障代码所关联的故障电路、传感器和执行器等部件进行检测。

(9)若无故障代码,则按数据流分析检测结果,参阅标准技术数据,确定故障点。

(10)选择合理的维修方案修复故障点。

4. 确认故障是否排除

修复故障点后,检查故障是否排除,并清除故障记忆存储器的故障代码,故障复查,确认组合仪表显示是否正常。

5. 车辆交接

遵守8S现场管理,恢复场地、设备、工具及车辆,维修服务顾问进行车辆交接。

综上所述,电池管理系统故障诊断的基本流程如图4.10所示。

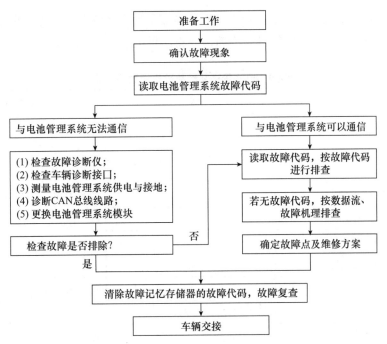

图4.10　电池管理系统故障诊断的基本流程图

任务实施

☞ 任务准备

准备任务实施所需的物料，详细信息见表4.8。

表4.8　物料准备

类别	所需物料
整车	新能源汽车
设备、仪器、工具	高压安全防护用品、兆欧表、万用表、故障诊断仪、绝缘工具套装、普通工具套装

☞ 任务实操

案例：启动车辆，观察到组合仪表正常工作，整车故障指示灯点亮，READY指示灯不能点亮，车辆底部动力电池包内无法听到高压继电器工作"咔嗒"声。

根据故障现象，进行新能源汽车动力电池管理系统的故障诊断，操作前，注意以下安全事项：

（1）故障诊断仪接口与车辆诊断接口连接前，确保车辆下电，故障诊断仪关机。

（2）电路在带电的情况下，只能测量电压信号，禁止测量电阻。

（3）断开和连接电池管理系统的线路连接器前，应关闭车辆电源。

根据故障现象可推测车辆点火开关供电（IG供电）正常，动力电池包内高压继电器没有闭合，高压无法完成上电控制，初步分析应是高压动力系统存在故障，可用故障诊断仪对电池管理系统、整车控制器等进行诊断，并将结果记录在表4.9中。

表4.9　电池管理系统故障诊断数据记录

内容		结果	结果判定
安全防护			是□　　否□
车辆状态检查			是□　　否□
读取故障代码			是□　　否□
测量电池管理系统电路	供电保险丝		故障原因：
	接地线路		
	CAN-H电压		
	CAN-L电压		
故障修复			是否恢复：
车辆检查		READY是否点亮	是□　　否□
复原场地，工具整理			是□　　否□

注意： 操作过程中应确保环境清洁、干燥安全。

📝 任务评估

本任务的技能评价如表4.10所示。

表4.10　电池管理系统的故障诊断评价

姓名		班级		日期	
任务	电池管理系统的故障诊断		分值	得分	备注
任务准备	安全检查		10		
	工具检查		10		
	防护措施		10		
任务实操	读取故障代码		10		
	测量电池管理系统电路		10		
	故障恢复和车辆检查		10		
任务完成	操作熟练程度		10		
	工作效率		10		
	任务工单完整规范		10		
规范操作	符合作业规程		10		
总分					

项目习题

1. 填空题

（1）在新能源汽车中，字母SOC的含义是_____。

（2）电池管理系统采集系统的_____、_____、_____等数据，并进行复杂的计算，与整车其他部件进行通信。

（3）均衡控制中，电池组的工作状态是由_____电池单体决定的。

（4）吉利几何A电池管理系统按功能分为_____、_____、_____及辅助元器件，各单元之间通过CAN总线进行通信。

（5）在维修涉及高压部件的新能源汽车前，务必执行_____与检验操作，确认动力电池不再对外输出高压电，避免因意外高压触电。

2. 选择题

（1）动力电池管理系统类似其他电控系统，是由（　　）、执行器、控制器（电控单元）等组件构成。

    A. 传感器　　　　　　　　　　　　B. 温度器

    C. 稳压器　　　　　　　　　　　　D. 电流测试器

（2）电池工作温度超高时，热管理系统开启（　　）功能。

    A. 绝缘　　　　　　　　　　　　　B. 停机

    C. 加热　　　　　　　　　　　　　D. 冷却

（3）主动均衡是能量的（　　），基于削峰填谷的理念。

    A. 转换　　　　　　　　　　　　　B. 转移

    C. 堆积　　　　　　　　　　　　　D. 消散

（4）在维修没有装手动维修开关的车型时，切断高压应（　　）。

    A. 拆卸某一高压部件的互锁开关　　B. 拆卸低压蓄电池负极

    C. A和B都是　　　　　　　　　　D. A和B都不是

（5）电池组健康状态的英文缩写（　　）。

    A. SOC　　　　　　　　　　　　　B. SOH

    C. BMS　　　　　　　　　　　　　D. SOS

3. 判断题

（1）电池管理系统通过检测电池组中各电池单体的状态来确定整个电池管理系统的状态。

    （　　）

（2）SOH用来提示动力电池组剩余电量，是计算和估计新能源汽车续航里程的基础。

    （　　）

（3）电池均衡是根据电池单体信息，在电池组各个电池之间设置均衡电路。

（　　）

（4）新能源汽车低压维修作业，不需要全过程戴绝缘手套。　　（　　）

（5）电池的工作温度不仅影响电池的性能，而且直接关系到新能源汽车使用的安全问题。　　　　　　　　　　　　　　　　　　　　　　　　　（　　）

4. 简答题

（1）动力电池管理系统常见的故障有哪几种类型？

（2）绘制动力电池管理系统CAN总线波形图。

（3）电池管理系统的常见故障具体有哪些？

项目五

动力电池的能量补充

知识体系

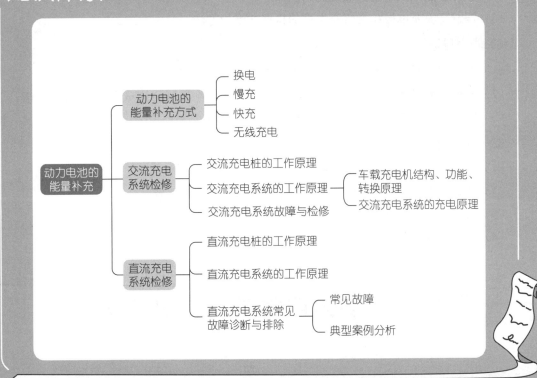

📝 **项目导入** ─────────────────────────────────

　　场景：某校新能源汽车实训中心的一台纯电动汽车连接交流充电枪后，组合仪表内显示充电枪已连接，但是车辆无法充电，需要学生查阅相关车辆的充电系统信息，并利用检测设备在教师的指导下完成车辆充电系统的故障诊断。

　　人物：学生、教师。

　　情节：学生已经具备高压安全防护技能，掌握动力电池的基本知识，具备动力电池的拆装与故障诊断技能，但是还不了解动力电池的充电与故障检修方法，需要继续学习。

📝 **项目目标** ─────────────────────────────────

◎ 知识目标

（1）了解车辆动力电池的能量补充方式。

（2）掌握新能源汽车充电系统的结构原理。

（3）理解交流充电桩和直流充电桩的构造与维护方法。

◎ 能力目标

（1）能对比分析动力电池不同能量补充方式的优势与劣势。

（2）根据车辆的使用场景，能选用合理的充电设备规范地完成车辆的充电操作。

（3）团队合作完成交流充电与直流充电的故障诊断。

◎ 素质目标

（1）养成遵守学习场所规定、爱岗敬业的职业素质。

（2）培养学生热爱汽车行业，热爱中华民族自主品牌的情感。

（3）培养学生认真研究、精益求精的工匠精神。

（4）培养学生发现问题、思考问题的能力，并逐步提高自主学习的能力。

任务一　动力电池的能量补充方式

📝 **任务资讯** ─────────────────────────────────

　　随着技术进步，动力电池的能量补充方式趋于多样化，以满足不同车辆、不同使用场景的需求。常见的动力电池能量补充方式有换电方式、慢充方式、快充方式、无线充电方式等。

一、换电方式

随着新能源汽车销量的快速增长，补能焦虑成为新能源汽车发展的最大痛点，而换电方式能显著提升车辆的补能效率，逐渐受到用户的认可。换电方式即通过换电站将处于亏电状态的动力电池快速更换为电池容量饱和的电池，并将亏电电池重新存储到换电站中进行集中充电与管理。

1. 换电系统组成

汽车换电主要涉及换电站、车载换电系统及信息交互平台等三大系统。换电站是动力电池的转运中心，具有动力电池集中存储、充电和状态监控等一系列功能，通常配有换电、充电、配电、温控、视觉识别、监控和消防等设备。车载换电系统由汽车上与换电功能相关的部件构成，一般包括电池包、换电机构、换电接口、电池包与车身的连接装置。信息交互平台负责提供信息交换与数据支撑。

2. 换电技术路线

目前，换电技术路线可以分为按电池包形态划分的换电技术路线和按换电方向划分的换电技术路线。

按照电池包形态的不同，换电技术路线可以分为电池包整体式换电和电池包分箱式换电两种，其中乘用车领域主要采用电池包整体式换电和电池包分箱式换电，商用车领域主要采用电池包分箱式换电。

按照换电方向的不同，换电技术路线可以分为底部换电、顶部换电和侧方换电三种。

3. 新能源汽车换电流程

目前，市面上蔚来新能源汽车全系可以采用换电方式补充电能，其换电流程如图5.1所示。

Step 2：车辆进站
车辆驶入全自动/半自动换电站后，在指定位置停车熄火，等待换电。在此过程中一般车主是不需要也不允许下车的。

Step 4：车辆检测出站
对换完电池的新能源汽车进行安全检测，特别是换电过程中拆装的部分，如电池的固定螺丝、电池线路接口等。

Step1：确认站内情况
通过换电专用的App查找附近的换电站。从App上直接获取的信息包括：
(1) 换电站的距离与导航路线；
(2) 空余电池情况/排队情况；
(3) 停车场停车收费情况；
(4) 站内工作人员的联系方式。

Step 3：开始换电
换电站换电流程（以底盘换电为例）：
(1) 车辆驶入指定位置，换电平台将车辆固定后并将其抬起；
(2) 机械臂将车辆原有亏电电池拆卸下来放置在传送带上，然后安装满电电池；
(3) 拆卸下的电池随传送带进入电池仓充电、维护。

Step 3：支付订单
在换电完成后，车主可通过换电专用的App支付换电费用，一般有两种支付方式：
(1) 按次付费，支付的金额为原电池与满电电池之间的电量差价；
(2) 包月或包年付费，限定每月或每年最高换电次数，这也是目前市场上最常用的换电支付方式。

图5.1　新能源汽车换电流程

4.换电方式的优势与劣势

（1）换电方式的优势有：①提高能量补充效率。换电通常只需要3～6 min时间，相较于传统的充电方式，大大提高了使用效率和便利性。②有利于降低购车成本。换电方式实现了车电分离，用户可以租用动力电池，购车成本大大降低。③有利于提高安全性，并延长动力电池的使用寿命。因为运营公司对电池进行集中监测、管理与养护，比用户更专业，有利于延长动力电池的寿命，提升电池的安全性。④可有效降低充电成本。换出来的动力电池，可在用电优惠期充电。⑤解决充电难的问题。由于充电桩对电压负荷要求严格，换电之后集中充电，可解决这一问题。⑥节约成本。换电方式可以推动产业链的完善，发展换电服务可以促进不同产业之间的协同发展和合作，形成更加完整的产业生态系统，推动整个新能源汽车产业链的发展和壮大。

（2）换电方式存在的劣势：①资金压力与资源配置问题难以解决。建设换电站需要大量的资金投入，包括买地、搭建设备、储备电池等，后期的运营维护成本也比较高。②电池的规格难以统一。各车企的动力电池规格不统一，接口、尺寸、电量等都有差异，导致换电站很难兼容不同车型的动力电池，大规模推广难度较大。③换电站的建设布局不完善。目前换电站的数量不够多，覆盖范围有限，用户体验不佳。④责任界定较难。在换电模式下，电池日常维护工作繁重，当出现安全问题时，责任如何界定等，都是需要后续解决的难题。

二、慢充方式

1.慢充系统的组成

慢充充电也被称为交流充电，系统通过交流充电线束（包括家用慢速充电线束、充电桩慢速充电线束）与220 V家用交流插座或交流充电桩相连，将220 V交流电转化为直流电，以实现动力电池的电能补给。

车载交流充电系统主要由交流充电接口、慢充线束、车载充电机、高压配电盒、整车控制器与动力电池等组成，如图5.2所示。

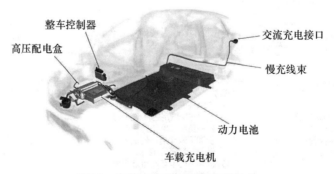

图5.2 车载交流充电系统主要组成

（1）交流充电桩：交流充电桩是指固定安装在新能源汽车外、与交流电网连接，采用传导方式为新能源汽车车载充电机（即固定安装在车上的充电机）提供交流电源的供电装置。交流充电桩只提供电力输出，需连接车载充电机为新能源汽车充电。交流充电桩相当于只是起了一个控制电源的作用。交流充电桩由充电指示灯、触摸显示屏、IC卡读写器、充电插头和充电插座等组成。按安装方式的不同，交流充电桩分为三种类型，分别是便携式充电桩、壁挂式充电桩、立式充电桩，如图5.3—图5.5所示。

图5.3 便携式充电桩

图5.4 壁挂式充电桩

图5.5 立式充电桩

（2）交流充电接口：交流充电接口是交流充电桩与新能源汽车慢充接口进行物理连接，完成充电和控制引导的连接器。交流充电可以分为单相交流充电和三相交流充电两种，充电接口端子布局相同，只是单相交流充电接口最下面的两个端子为空，单相交流充电接口（见图5.6）主要应用于家庭用户充电设施和一些标准的公共充电设施，这类充电接口比较简单，主要提供动力电池单相交流充电。根据国家标准，单相交流充电电流不能超过32 A。

图5.6　单相交流充电接口

三相交流充电接口（见图5.7）一般应用于较大的充电站，这种充电接口电流较大，外形相对较大，功能复杂。由于这类充电接口插头较大，设计的形状类似于枪，所以一般称为充电枪。采用380 V三相供电时，最大充电电流不大于63 A。

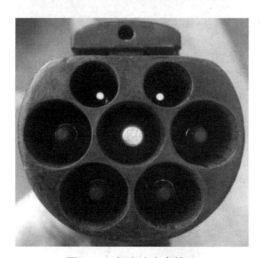

图5.7　三相交流充电接口

吉利几何A纯电动汽车的交流充电接口安装在车的右前翼子板上。在充电时，根据选择的充电类型，可将交流充电枪插头插到相应的充电插座，连接正确后开始充电。充电口连接后形成检测回路，当出现连接故障时，系统可以检测出该故障。吉利几何A将交流和直流两种充电口分别安置在右前、左后的翼子板处。吉利几何A汽车车载交流充电接口及灯光指示信息如图5.8所示，图5.8（a）是带有指示灯的6.6 kW交流充电接口，图5.8（b）是灯光指示信息。

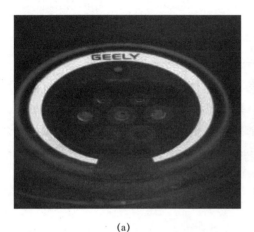
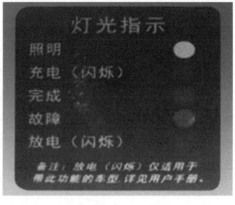

（a）　　　　　　　　　　　　　　　（b）

图5.8　吉利几何A汽车车载交流充电接口及灯光指示信息

　　按照国标，交流充电接口采用7个端子，如图5.9所示，交流充电接口各引脚的功能定义如表5.1所示。

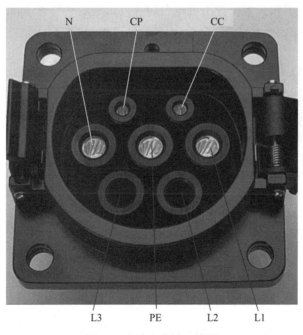

图5.9　交流充电接口端子

表5.1 交流充电接口各引脚功能定义

引脚编号/名称	功能定义	引脚编号/名称	功能定义
1/L1	A相交流电源	5/PE	电源接地保护线和车身地线
2/L2	B相交流电源	6/CC	充电连接确认
3/L3	C相交流电源	7/CP	充电控制确认
4/N	中性线（零线）		

（3）车载充电机：按照《电动汽车用传导式车载充电机》（GB/T 40432—2021）的定义，车载充电机（On Board Charger，OBC）是指固定安装在车辆上，将符合公共电网的电能变换为车载储能装置所要求的直流电，并给车载储能装置充电的装置。车载充电机能依据电池管理系统提供的数据，动态调节充电电流或电压的参数，执行相应的动作，完成充电过程。

2. 充电锁

为防止车辆充电过程中充电枪丢失，车辆一般都设有充电锁。充电枪插入充电接口后，只要驾驶员按下智能钥匙闭锁按钮，充电枪防盗功能即开启，车身控制模块接收到智能钥匙的闭锁信号后通过CAN总线将该信号传递到车载充电机，车载充电机能控制充电枪锁止电机锁止充电枪，此时充电枪无法拔出。如要拔出充电枪，需先按下智能钥匙解锁按钮，进而解锁充电枪。注意：车辆处于充电状态时，若不主动结束充电，充电枪不能直接拔下。如果智能钥匙解锁失效，可用机舱左前大灯附近的紧急解锁拉环解锁充电枪。吉利帝豪EV450的充电锁如图5.10所示。智能钥匙解锁过程如图5.11所示。

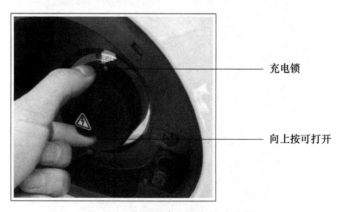

充电锁

向上按可打开

图5.10 吉利帝豪EV450的充电锁

3. 充电指示灯

吉利几何A充电指示灯位于车辆充电接口上方，用于指示不同的充电状态。车辆不论处于关闭状态还是启动状态，当车身控制模块收到电池管理系统的充电状态信息时，即驱动充电指示灯工作，显示充电状态。交流充电指示灯的不同颜色及其功能定义具体如表5.2所示。

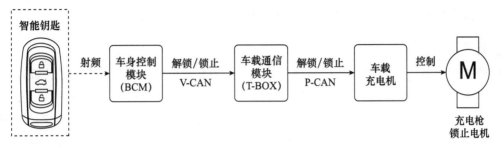

图5.11　智能钥匙解锁过程

表5.2　交流充电指示灯

指示灯颜色	指示灯状态	功能定义	指示灯颜色	指示灯状态	功能定义
-	熄灭	未充电	蓝	常亮2 min	预约充电
白	常亮2 min	照明灯	绿	常亮2 min	充电完成
黄	常亮2 min	充电准备（暂停）	红	常亮2 min	充电故障
绿	闪烁（1 Hz）	充电过程	蓝	闪烁（1 Hz）	放电过程（预留）

三、快充方式

　　快充系统的组成：快充充电采用直流充电，使用AC 380 V的三相四线电，通过直流充电桩，经功率变换后，通过母线直接将高压大电流传输给动力电池传输进行快速充电，能实现动力电池组高效、安全的电量补给。新能源汽车快充系统主要由直流充电接口、高压配电盒、动力电池、整车控制器和快充线束等组成，如图5.12所示。

　　直流充电系统属于由非车载充电机完成的交直流变换方式，充电功率较大，从几十千瓦到几百千瓦，充电时间可从10 min（直流快充）到6 h（直流普通充电）不等，在当前电池技术性能下，直流快充可作为新能源汽车充电的应急补充。

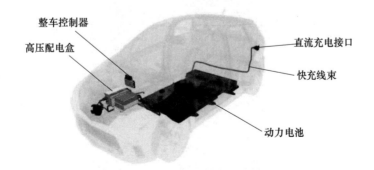

图5.12　直流充电系统组成

下面主要介绍直流充电桩和直流充电接口。

1. 直流充电桩

直流充电桩是指固定安装在新能源汽车外，与交流电网连接，将电网的交流电转换为直流电，可以为新能源汽车提供直流电源的装置。直流充电桩的输入电压采用三相四线AC 380 V（±15%），频率50 Hz，输出可调的直流电，可以不经过车载充电机，直接为新能源汽车的动力电池充电。由于直流充电桩采用三相四线制供电，可以提供足够大的功率，输出的电压和电流调整范围大，能达到快充的要求。直流充电桩外部结构如图5.13所示，直流充电柜内部结构如图5.14所示。

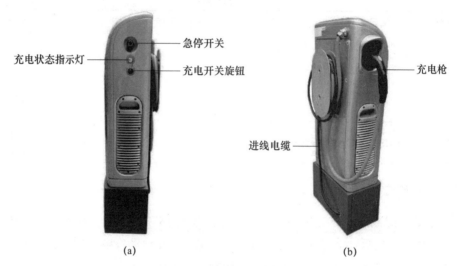

（a）　　　　　　　　　　　　　　　　（b）

图5.13　直流充电桩外部结构

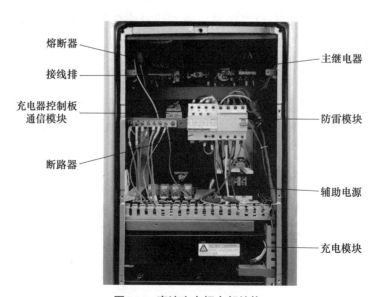

图5.14　直流充电柜内部结构

（1）急停开关：当发生紧急情况时，快速按下此按钮可切断电路，起到保护作用。

（2）充电状态指示灯：充电状态指示灯起提示作用，一般有三种状态。其中，黄灯表示待机，绿灯表示正在充电，红灯表示充电故障。

（3）充电开关旋钮：用于控制充电的开关启动与停止。

（4）充电枪：充电桩连接车辆的连接器。

（5）进线电缆：用于连接电网的电缆。

（6）熔断器：当充电桩工作电流超过规定值时，本身产生的热量会使熔体熔断，断开电路，起保护作用。

（7）主继电器：控制充电电路的闭合与断开。

（8）接线排：接线排将电力电缆与控制线路有序地集中连接，保证电路的安全有序。

（9）充电器控制板通信模块：该模块是充电桩主要的控制及通信单元。

（10）断路器：高压交流输入的第一级开关，可以切断和接通负荷电路，起安全保护作用。

（11）防雷模块：泄放因雷击或者其他原因产生的过量电能，避免损坏设备。

（12）辅助电源：辅助电源为主控器及电池管理系统提供电源。

（13）充电模块：充电模块能给车辆提供实际充电电流和充电电压。

2. 直流充电接口

高压直流电通过直流充电接口给动力电池进行快速充电。直流充电接口共有 9 个针孔端子，如图5.15所示。直流充电接口各端子的功能定义如表5.3所示。

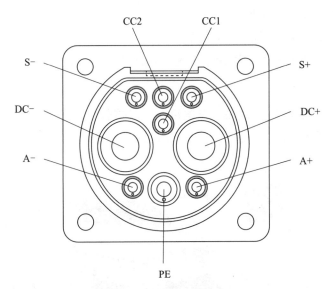

图5.15　直流充电接口结构

表5.3　直流充电接口端子功能定义

引脚编号/名称	功能定义	引脚编号/名称	功能定义
1/DC+	直流电源正极	6/CC1	充电连接确认1
2/DC-	直流电源负极	7/CC2	充电连接确认2（通信屏蔽线）
3/PE	供电设备地线与车身地线	8/A+	充电桩与车辆低压辅助电源正极
4/S+	连接充电桩通信线CAN H	9/A-	充电桩与车辆低压辅助电源负极
5/ S-	连接充电桩通信线CAN L		

四、无线充电

无线充电是一种利用无线感应充电装置给新能源汽车充电的技术。这种技术利用埋在地下的供电导轨以高频交变磁场的形式将电能传输给在地面上一定范围内的车辆接收端电能拾取机构，进而给车载储能设备供电。无线充电技术不仅延长了电动汽车的续航里程，还使得电能补给更加安全、便捷。

无线充电技术的主要参数指标包括电能传输距离、功率、效率、耦合机构侧移适应能力及电磁兼容性等。当前的研究热点是开发大功率、高效率、强侧移适应能力、低电磁辐射且成本适中的动态无线供电系统。

1. 无线充电的特点

（1）利用无线电磁感应充电的设备无须外露，设备无磨损，应用范围广。
（2）大功率无线充电的传输距离限制在5 m以内，电磁影响不会太远。
（3）操作方便，维护成本低。
（4）设备技术含量高，经济成本较高。
（5）无线充电技术本身是二次能源转换，电磁损耗比较高。

2. 无线充电基本原理

无线充电系统主要由供电组件、充电板、车载接收板、车载控制器和电池组等部分组成，系统工作原理如图5.16所示。

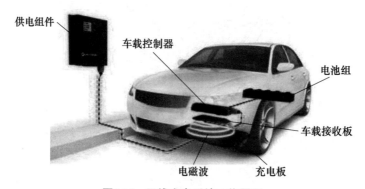

图5.16　无线充电系统工作原理

其工作过程为：供电组件提供交流电源，充电板内的电磁线圈将交流电转换为一定频率的交变磁场，通过电磁感应在接收板内的二次线圈产生交流电，感应的交流电送入车载控制器内，经车载控制器内部的整流器将交流电变为直流电，给电池组充电。

任务实施

☞ 任务准备

准备好便携式充电桩、充电桩及新能源实训车辆，在实车上完成慢充操作；认识充电接口端子名称，了解其作用；掌握充电枪的紧急解锁方式。任务实施所需的物料见表5.4。

表5.4　物料准备

类别	所需物料
防护用具	人员防护：绝缘工服、绝缘手套、绝缘鞋（靴）、绝缘帽、防护眼镜。 车辆防护：翼子板布、前围垫、车内三件套、一次性脚垫。 场地防护：安全警示牌、安全围栏、绝缘胶垫、二氧化碳灭火器、车轮挡块
设备工具	仪器仪表：万用表、兆欧表、钳形电流表。 充电设备：便携式充电桩、交流充电桩、直流充电桩。 实训车辆：插电式混合动力汽车、纯电动汽车
信息资料	维修资料：拆装手册、维修电路图、相关技术标准。 信息资源：课程资源库、厂家网址、网络信息平台

☞ 任务实操

下面以交流充电设备为例，任务实操过程中应注意将关键的操作步骤、测量方法、测量数据及结论分析填写到表5.6中。

（1）车辆解锁，打开交流充电接口盖板，并将绝缘防护罩取下，如图5.17所示。

图5.17　打开交流充电接口盖板

（2）观察并记录交流充电接口端子名称（见图5.9）。查阅资料，熟悉各端子的功能，并记录在表5.6中。

（3）将充电枪连接至车辆充电接口，如图5.18所示，接通便携式充电桩或交流充电桩的供电电源。

图5.18　充电枪连接至车辆充电接口

（4）观察车内组合仪表或中央功能显示屏，观察充电连接灯、充电剩余时间、充电功率、充电电流、充电电压等信息，判断车辆充电是否正常。

（5）利用中控屏停止车辆充电，如车辆无此功能，则需断开充电设备电源，将车辆解锁，按压充电枪解锁按钮，拔出充电枪，如图5.19所示。

图5.19　按压解锁按钮拔出充电枪

（6）重新连接充电枪，确认车辆进入充电状态，找到充电枪紧急解锁拉环，拉动紧急解锁拉环取下充电枪（见图5.20）。充电枪紧急解锁拉环的位置可参阅车辆使用手册，通常车辆后部充电紧急解锁拉环设置在后备厢内，车辆前部充电紧急解锁拉环设置在前机舱内左前大灯附近。

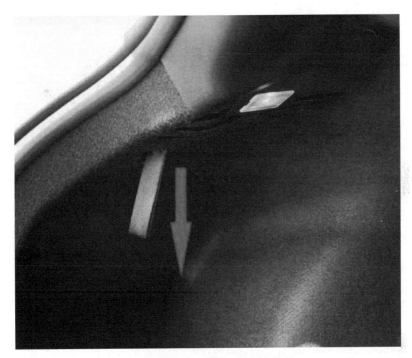

图5.20　后备厢内充电枪紧急解锁拉环

（7）断开充电枪电源，测量充电口端子CC与PE之间的电阻值，该电阻值可用来判断充电枪电缆规格允许的充电功率，不同的电阻值对应不同的充电功率，如表5.5所示。

表5.5　充电枪功率判定表

序号	CC与PE间电阻值	充电枪功率
1	680 Ω	3.3 kW
2	220 Ω	7 kW
3	100 Ω	40 kW
4	2 kΩ	对外放电插座

充电设备操作与检测的数据和结果请记录在表5.6中。

表5.6 充电设备操作与检测作业表

序号	操作步骤	操作要点/测量数据	结果判定
1	开启交流充电接口盖板	操作方法:	正常□ 异常□ 异常原因:＿＿＿＿＿
2	认知交流充电接口端子	端子名称:	正常□ 异常□ 异常原因:＿＿＿＿＿
3	连接充电枪	操作要点:	正常□ 异常□ 异常原因:＿＿＿＿＿
4	确认充电状态	仪表显示:	正常□ 异常□ 异常原因:＿＿＿＿＿
5	停止充电操作	操作方法:	正常□ 异常□ 异常原因:＿＿＿＿＿
6	充电枪紧急解锁	操作要点:	正常□ 异常□ 异常原因:＿＿＿＿＿
7	充电枪功率判定	测量数据:	充电枪功率:＿＿＿＿＿

任务评估

本任务的技能评价如表5.7所示。

表5.7 动力电池交流充电操作评价

姓名		班级		日期	
任务	动力电池交流充电操作		分值	得分	备注
任务准备	安全检查		5		
	工具检查		5		
	防护措施		5		
任务目标	熟知能量补充方式		5		
	描述无线充电的特点		5		
	规范地完成充电操作		10		
	充电枪紧急解锁		10		
任务完成	操作熟练程度		5		
	停止充电进程		8		
	独立完成CC与PE之间的电阻测量		10		
	准确进行性能分析		10		
规范操作	正确使用工具		5		
	正确检测仪表		10		
	遵守现场8S管理		7		
总分					

任务二　交流充电系统检修

任务资讯

一、交流充电桩的工作原理

交流充电桩是指固定安装在新能源汽车外，与交流电网连接，为新能源汽车车载充电机提供交流电源的供电装置。交流充电桩电气系统结构如图5.21所示，主回路由保护断路器（QF）、交流智能电能表（SM）、交流控制接触器（KM）和充电插座等组成，主要负责把输入端的电压传输至输出端。控制主电路元件包括急停按钮、显示模块、充电桩智能控制模块和刷卡装置等，主要作用是接收用户指令，对输入的电压进行控制与安全保护。

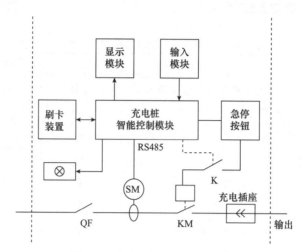

图5.21　交流充电桩电气系统结构

二、交流充电系统的工作原理

1. 车载充电机的结构

以吉利几何A汽车为例，车载充电机安装在车辆前舱右侧，集成了车载充电和高压配电系统（高压配电盒）。车载充电机主要由上端盖、上部密封垫、车载充电机主体、下部密封垫和下盖板等组成，相关的外部接口主要包括动力电池直流母线接口、交流充电接口和车载充电机低压连接器接口等。车辆充电机外部接口如图5.22所示。

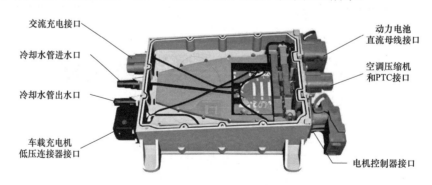

图5.22　车载充电机外部接口

车载充电机内部可分为三部分：主电路、控制电路、线束及标准件。吉利几何A车载充电机内部结构如图5.23所示。

（1）主电路：主电路前端将交流电转换为恒定电压的直流电，主要是全桥电路+功率因数校正电路（PFC）。主电路后端为DC-DC变换器，将直流电转换为合适的电压及电流，以供给动力电池。

（2）控制电路：控制电路具有控制大功率三极管的开关、与电池管理系统进行通信、监测充电机状态、与充电桩握手等功能。

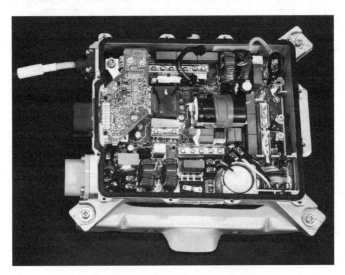

图5.23　吉利几何A车载充电机内部结构

（3）线束及标准件：线束及标准件用于连接主电路及控制电路、固定元器件及电路板。

2. 车载充电机的功能

（1）车载充电机具有为新能源汽车的动力电池进行安全、自动充电的能力。依据电池管理系统提供的数据，车载充电机能动态调节充电电流或电压参数，并执行相应的动作，完成充电过程。

（2）车载充电机具备通过高速CAN网络与电池管理系统通信的功能，能判断电池连接状态是否正确，能获得电池管理系统参数，以及充电前和充电过程中电池组和电池单体的实时数据。

（3）车载充电机可通过高速CAN网络与车辆监控系统通信，能及时上传车载充电机的工作状态、工作参数和故障报警信息，接收启动充电或停止充电控制命令。

（4）车载充电机具有完备的安全防护措施，包括：①交流输入过电压保护功能。②交流输入欠电压警告功能。③交流输入过电流保护功能。④直流输出过电流保护功能。⑤直流输出短路保护功能。⑥输出软启动功能，防止电流冲击。⑦在充电过程中，车载充电机能保证动力电池的温度、充电电压和电流不超过允许值。⑧电池单体电压限制功能，车载充电机能自动地根据电池管理系统的电池信息动态地调整充电电流。⑨自动判断充电连接器、充电电缆是否正确连接。当车载充电机与充电桩、电池正确连接后，车载充电机才允许启动充电；当车载充电机检测到与充电桩或电池连接不正常时，立即停止充电。⑩充电联锁功能，保证车载充电机与新能源汽车动力电池分开以前车辆不能启动。⑪高压互锁功能，当有危害人身安全的高电压时，模块锁定无法输出。⑫阻燃功能。

3. 车载充电机的转换原理

车载充电机转换电路由交流滤波整流电路、功率因数校正电路（PFC）、DC-DC变换电路、直流滤波电路组成，如图5.24所示。

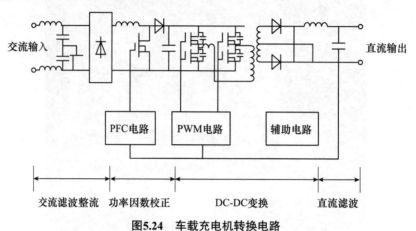

图5.24 车载充电机转换电路

（1）交流滤波整流电路。交流滤波整流电路将来自电网的单相或三相交流电变换为直流电源，输送给直流变换器。

（2）功率因数校正电路。功率因数校正电路是车载充电机的重要组成部件，其功能是通过控制过程，使输入电流波形跟踪正弦基波电流，且相位与输入电压同相，以保持输出电压稳定和功率因数接近于1.0。

（3）DC-DC变换电路。DC-DC变换电路采用PWM电路，包括输出采样、信号放大、控制调节、基准比较等单元，其作用是对输出电压进行检测和取样，并与基准定值进行比较，从而控制高频开关功率管的开关时间比例，达到调节输出电压的目的。

（4）直流滤波电路。利用电容器和电感等元器件将直流电中的交流成分进行滤波，从而输出稳定的直流电压。

4. 交流充电系统的充电原理

动力电池交流充电过程由电池管理系统进行控制及保护，车载充电机的工作状态由电池管理系统发出的指令进行控制，具体指令包括工作模式指令、动力电池允许最大电压、充电允许最大电流、加热状态电流值等。交流充电系统的控制过程如图5.25所示。充电枪与交流充电接口连接后，CC连接确认信号通过车载充电机发送到整车控制器，整车控制器唤醒仪表，仪表显示充电枪连接信息；车载充电机同时唤醒整车控制器和动力电池管理控制模块，整车控制器向动力电池管理模块发出高压上电指令，车载充电机通过高压控制盒向动力电池输出高压直流电。

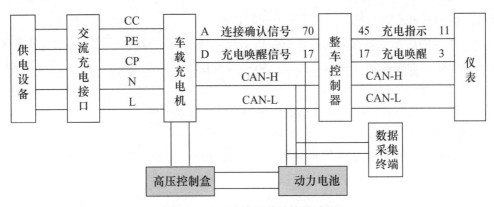

图5.25　交流充电系统的控制过程

下面分析交流充电系统的充电工作原理，交流充电系统工作原理如图5.26所示。

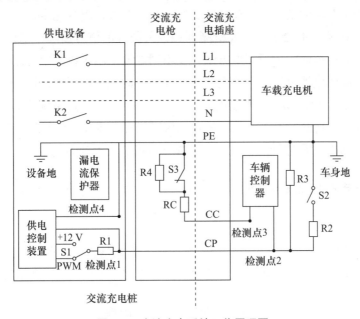

图5.26　交流充电系统工作原理图

交流充电可以分为以下几个步骤。

（1）CC充电连接确认。当充电枪与车身交流充电接口完全连接后，充电桩中供电控制装置通过检测点4判断充电口端子CC连接后，将S1开关从＋12 V挡切换至PWM信号挡。

（2）CP控制确认。S1开关切换至PWM信号挡后，供电控制装置同时进行PWM信号的发送和检测点1电压的测量，以此来确认充电线路连接情况；车辆控制器凭借检测点2上接收到的PWM信号来判断供电设备的供电能力，并完成充电装置完全连接的确认。

（3）车辆控制器通过检测点3测量端子CC和端子PE之间的电阻。线路中开关S3为充电枪内部的常闭开关，与充电枪的机械锁止开关相关联，按下机械锁止开关，S3开关即断开。当充电枪与插座完全连接后，车辆控制器通过测量检测点3与PE之间的阻值，确认完全连接，得到充电连接信号，完成了充电唤醒过程。

（4）系统确认充电装置完全连接后，供电控制装置通过测量检测点1的电压判断车辆是否准备就绪，当电压值达到规定值时，供电设备接通开关K1、K2，并分别为供电插头的L、N端子供电。

（5）动力电池管理系统检测充电需求，同时给车载充电机发送工作指令，控制车辆低压电路中的相关继电器吸合，车载充电机执行充电程序，同时点亮充电指示灯。

（6）充电过程中，系统会周期性地检测相关检测点的电压值，确认供电线路的连接情况安全。车辆控制器检测检测点2和检测点3、供电控制检测测量检测点1和检测点4的电压，检测周期不大于50 ms。另外车辆控制器持续地检测检测点2的PWM信号，当占空比信号发生变化时，调节车载充电机的输出功率，检测周期不大于5 s。

（7）充电完成。当电池管理系统检测充电完成后，或达到车辆设置的充电完成条件，或驾驶员执行停止充电的指令时，车辆控制器断开S2开关，车载充电机停止充电；供电控制装置将S1开关切换至＋12 V挡。在检测到S2开关断开的信号后，供电设备断开K1、K2供电回路。一般采用恒流—恒压充电方法，在不同温度范围内以恒定电流充电至动力电池组总电压达到最高或电池单体电压达到此温度条件下的规定电压值，以恒定电压充电至电流小于0.8 A后停止充电。动力电池温度为0～55 ℃时，电池管理系统控制车载充电机以10 A的电流为动力电池充电。当电池单体最高电压高于3.6 V时，降低充电电流至5 A，电池单体电压达到3.7 V时，电池管理系统通知车载充电机停止为动力电池充电。

三、交流充电系统故障与检修

1. 充电系统指示灯

以市面上某款主流纯电动汽车为例，其充电系统主要的仪表指示灯如表5.8所示，这些指示灯兼具充电系统报警功能，掌握其代表的含义有助于判别系统的故障状态。

表5.8　充电系统指示灯的功能

序号	显示	名称	功能说明
1		充电连接指示灯	指示状态：充电枪与车辆充电口连接后点亮。 故障情况：充电连接后未点亮，充电未连接时点亮
2		充电提示灯	指示状态：电量过低时点亮。 故障情况：电量过低时不点亮，电量正常时点亮

序号	显示	名称	功能说明
3		剩余电量（SOC）表	指示状态：显示电池的剩余电量。 故障分析：车辆充电时观察电量表显示是否正常
			显示5格：SOC＞82%； 显示4格：82%≥SOC＞62%； 显示3格：62%≥SOC＞42%； 显示2格：42%≥SOC＞22%； 显示1格：22%≥SOC＞5%； 显示0格：SOC≤5%

2. 车载充电机常见的故障与检修

车载充电机的故障信息将上传到CAN总线中，利用故障诊断仪可从CAN总线系统中读取故障信息。

车载充电机常见的故障如下：

（1）12 V低压供电异常。当车载充电机12 V模块异常时，电池管理系统、组合仪表等由于没有唤醒信号，无法与车载充电机进行通信。

最简单的判断12 V低压供电是否异常的方法就是车辆上电时，电池包中是否发出高压继电器闭合的声音，若没有，则异常。此时，需要检查低压保险盒内充电唤醒的保险及继电器是否正常，以及车载充电机端子是否出现退针的情况。

（2）车载充电机检测到的电池电压不满足要求。在充电过程中，电池管理系统可以正常工作，但车载充电机在工作开始前需要先检测动力电池电压，当动力电池电压在工作范围内时，车载充电机可以正常工作，否则车载充电机认为电池不满足充电要求，无法正常充电。此情况常见的问题为：高压插件端子退针、高压保险熔断，或者电池电压超过工作范围。

（3）车载充电机检测与充电桩握手不正常。车载充电机在工作过程中会检测与充电桩之间的握手信号，当判断到充电枪开关断开时，车载充电机会认为此时将要拔掉充电枪，进而停止工作，这能防止带电插拔充电枪，以延长充电枪端子寿命。当充电枪未插到位时，也可能出现此情况。

（4）充电桩输入电压正常，因电源线线径较细引起电压降过大而造成充电故障。车辆在低温环境下需将电池单体加热至0～5 ℃时才能正常充电，充电桩最初与车载充电机连接正常，加热过程中，由于负载较小，电压下降并不多，进入充电过程后，由于负载加大，输入电压下降，充电桩为车载充电机提供的电源电压低于187 V时，车载充电机无法正常工作，车载充电机停止工作后，负载又减小，测量时电压又恢复正常。这种情况一定要在车载充电机进入充电过程后测量当时的准确电压，以找到故障原因。

另外，外接的充电电源接地线线路不良也是造成新能源汽车无法充电的常见原因。

3. 交流充电系统常见的故障与检修

（1）故障现象：不能为动力电池充电的故障警告灯闪亮。

故障判断：不能为动力电池充电，充电电路有故障。

故障排查：测量输入电压是否在工作电压范围之内，检查充电桩与充电枪的连接是否正常，充电线是否过细。若横截面积小于2.5 mm^2，更换充电桩与充电枪的连接线。

（2）故障现象：连接充电枪，组合仪表上充电连接指示灯不亮。

故障判断：不能为动力电池充电，电源没有正确连接、车载充电机损坏。

故障排查：检查充电桩供电是否正常，充电枪是否正常，CC端子线路是否有12 V电压，如果以上都正常，则判断为车载充电机损坏，应更换车载充电机。

（3）故障现象：不能为动力电池充电的故障警告灯闪亮，过热警告灯亮。

故障判断：不能为动力电池充电，车载充电机有温度过高的故障。

故障排查：检查充电机冷却系统是否正常，温度信号线是否正常。

（4）故障现象：慢充时充电桩显示车辆未连接。

故障判断：充电枪与车辆充电口CC端子或CC线路故障。

故障排查：

① 检查车辆与充电桩两端枪是否反接。

② 检查充电枪CC端子与PE端子之间是否有680 Ω或220 Ω电阻。

③ 检查车载充电机端CC端子与充电口CC端子是否导通。

（5）故障现象：慢充时充电桩显示车辆已连接，但车载充电机无输出电流。

故障判断：车载充电机高压连接器或电缆发生故障。

故障排查：

① 检查车载充电机高压保险是否熔断。

② 检查车载充电机高压连接器及线缆是否正确连接。

📝 任务实施

☞ 任务准备

准备任务实施所需的物料，详细信息见表5.9。

表5.9　物料准备

类别	所需物料
防护用具	人员防护：绝缘工服、绝缘手套、绝缘鞋（靴）、绝缘帽、防护眼镜。 车辆防护：翼子板布、前围垫、车内三件套、一次性脚垫。 场地防护：安全警示牌、安全围栏、绝缘胶垫、二氧化碳灭火器、车轮挡块

类别	所需物料
设备工具	仪器仪表：万用表、故障诊断仪、绝缘检测表、示波器。 工具设备：绝缘专用组合工具、便携式充电桩、交流充电桩。 实训车辆：吉利几何A电动汽车
信息资料	维修资料：维修手册、维修电路图、相关技术标准。 信息资源：课程资源库、厂家网址、网络信息平台

☞ **任务实操**

以吉利几何A电动汽车为例，进行交流充电系统的故障检修实操，训练过程中注意将关键操作步骤、测量方法、测量数据及结论分析填写到表5.11中。

1. 判断故障现象

（1）记录车辆基本信息，车辆识别码，品牌、型号等。

（2）检查蓄电池电压，若电压为12.23 V，则确认电压正常，如图5.27所示。

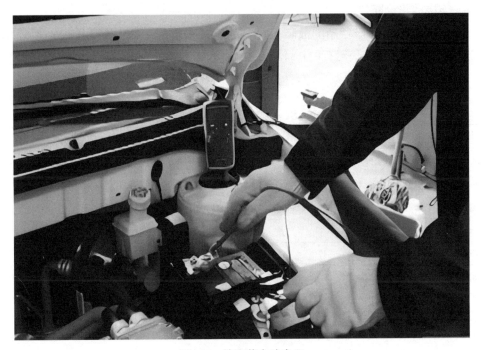

图5.27　检查蓄电池电压

（3）检查高压部件及连接器的连接情况，确认连接正常。

（4）打开点火开关，确认组合仪表正常；关闭点火开关，连接交流充电枪，发现组合仪表内"充电线连接指示灯"不亮，无法进行交流充电，仪表显示如图5.28所示。

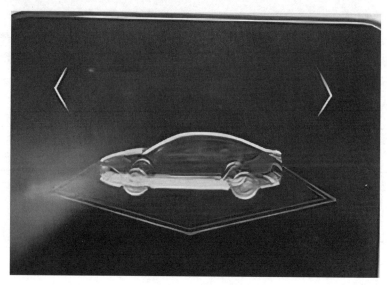

图5.28　仪表显示

2. 故障诊断仪检测

（1）连接故障诊断仪。

（2）读取充电控制器存储的故障代码，并记录在表5.11中。故障代码的含义说明见表5.10，此时读取的故障代码有P1A8403、P1A881C、U300616等。

（3）读取充电控制器的数据流，并将与本故障现象相关的数据流记录在表5.11中。

表5.10　DC-DC转换器故障代码说明表

故障代码	说明	故障代码	说明
P1A8403	CP在充电机的内部测试点占空比异常	P1A8019	直流输出电流过高
P1A841C	CP电压异常	P1A8017	车载充电机关闭由于输入电压过高
P1A8538	CP在充电机的内部测试点频率异常	P1A8016	车载充电机关闭由于输入电压过低
U300616	控制器供电电压低	P1A8698	温度过高关机
U300617	控制器供电电压高	P1A8806	自检故障
P1A8811	车载充电机输出短路故障	P1A8B98	DC-DC模块故障
U007300	CAN总线关闭	P1A881C	充电连接故障
U011287	与高压电池控制器通信丢失	P1A8898	交流插座过温关机

3. 分析故障可能部位

（1）故障分析。故障现象为：连接充电枪后，组合仪表内"充电连接指示灯"不亮，读取的故障代码为P1A8403 CP、P1A881C，其含义为CP在充电机的内部测试点占空比异常、充电连接故障，初步分析最可能出现的故障是CC信号电路故障。

（2）电路分析。查阅吉利几何A交流充电系统（车载充电机）电路简图，如图5.29所示。

（3）故障可能部位。通过电路分析，CC信号电路连接着交流充电插座与车载充电机，因此故障可能原因有：CC信号电路故障、充电插座本体CC信号电路故障、车载充电机内部CC信号电路故障，下面可以先从CC信号电路的两端入手逐步排查。

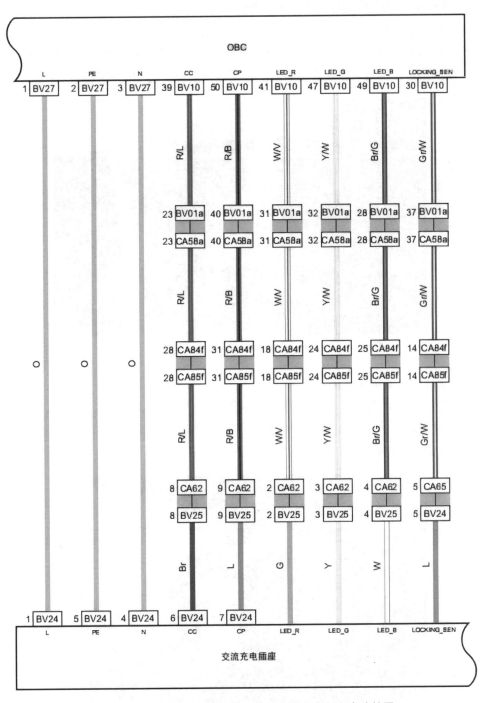

图5.29　吉利几何A交流充电系统（车载充电机）电路简图

4.测量诊断故障

（1）关闭点火开关。

（2）放置高压作业维修标志。

（3）断开蓄电池负极电缆，并做好防护。

（4）断开分线盒高压直流母线插头，并做好防护。

（5）断开高压母线5分钟后，使用万用表测量整车高压回路，测量值为0.1 V，正常小于1 V，数据正常，说明高压回路已断开。高压回路断电检测如图5.30所示。

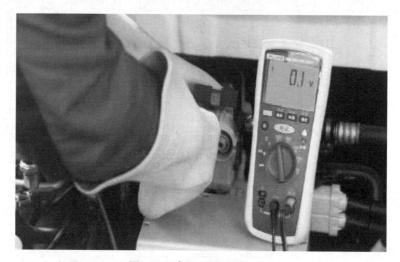

图5.30　高压回路断电检测

（6）连接蓄电池负极电缆。

（7）打开点火开关，测量交流充电插座BV24-6（CC线）对地之间的电压。实际测量值为0.974 V，正常为10 V左右，数值异常，说明CC信号电路故障，检测充电插座CC信号电路如图5.31所示。

图5.31　检测充电插座CC信号电路

（8）测量车载充电机端BV10-39（CC线）对地之间电压。实际测量值为10.11 V，正常为10 V左右，数值正常，说明车载充电机内部CC信号电路正常。

（9）关闭点火开关，测量中转插头BV01a-23（CC线）到车载充电机BV10-39之间的电阻。实际测量值为36.58 kΩ，正常为0～0.2 Ω，数值异常，说明BV01a-23到BV10-39之间线路断路，测量方法如图5.32所示。

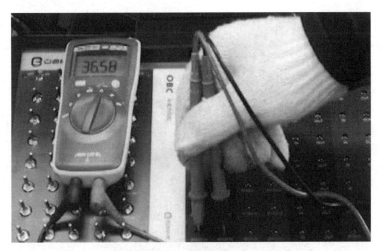

图5.32　检测车载充电机至中间接头线路电阻值

（10）测量中转插头BV01a-23到交流充电插座BV24-6之间的电阻。实际测量为0 Ω（正常值为0～0.2 Ω），数值正常，说明BV01a-23到BV24-6之间线路正常，测量方法如图5.33所示。

（11）确定故障点为：BV01a-23到BV10-39之间线路断路。

图5.33　检测中间接头至充电插座线路电阻值

5. 修复故障

（1）故障机理：因BV01a-23到BV10-39之间的CC信号电路断路引起交流充电插座CC

信号传不到车载充电机，充电连接失败，因此在连接充电枪时，"充电连接指示灯"不亮，慢充不能充电。

（2）修复故障点：断开蓄电池负极电缆，并做好防护；更换CC线路，修复CC信号电路断路故障。

6. 验证故障

（1）连接蓄电池负极电缆，打开点火开关，测量交流充电插座BV24-6（CC线）对地之间电压，测量为10 V，数值正常。检测线路电压如图5.34所示。

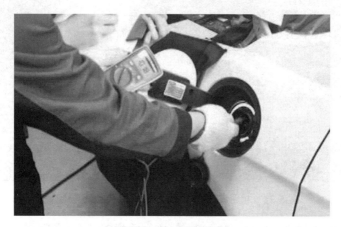

图5.34　检测线路电压

（2）连接充电枪，仪表"充电连接指示灯"点亮，交流充电正常，仪表显示如图5.35所示。

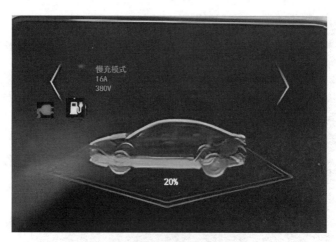

图5.35　仪表显示情况

7. 填写作业记录表

在实训操作过程中，请将关键操作步骤、测量方法、测量数据填写到表5.11中，在实训结束后对检测结果进行分析，将分析结果也填写到表5.11中。

表5.11　交流充电故障检修作业表

序号	操作步骤	操作要点/测量数据	结果判定
1	故障现象确认		故障现象：_____
2	读取故障代码		故障代码：_____
3	读取数据流		数据流：_____
4	故障分析		故障原因：_____
5	测量诊断	测量点1： 测量点2： 测量点3： 测量点4： ……	正常☐　异常☐ 正常☐　异常☐ 正常☐　异常☐ 正常☐　异常☐
6	故障修复		故障部位：_____ 修复方案：_____
7	故障验证		正常☐　异常☐

任务评估

本任务的技能评价如表5.12所示。

表5.12　交流充电系统检修评价

姓名			班级		日期	
任务		交流充电系统检修		分值	得分	备注
任务准备	安全检查			5		
	工具检查			5		
	防护措施			5		
任务实操	交流充电部件功能			5		
	交流充电工作原理			5		
	交流充电故障诊断			10		
	作业记录与实训总结			10		
任务完成	故障现象确认			5		
	读取故障代码与数据流			10		
	故障分析			5		
	故障诊断			10		
	故障修复			7		
规范操作	操作熟练程度			5		
	正确使用仪表工具			8		
	遵守现场8S管理			5		
总分						

任务三　直流充电系统检修

任务资讯

一、直流充电桩的工作原理

1. 直流充电桩的系统框图

由于电网中的AC 380 V交流电无法对动力电池直接输入，所以在直流充电的过程中输入新能源汽车的高压直流电需要经过直流充电桩的转换整流。直流充电桩由整流装置、直流输入控制装置、直流输出控制装置和直流充电管理装置组成，其系统框图如图5.36所示。

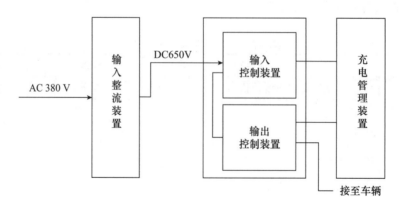

图5.36　直流充电桩系统框图

2. 直流充电桩的工作原理

直流充电桩电气原理如图5.37所示，三相AC 380 V交流电经过防雷模块进入到三相四线制电表中，三相四线电表监控充电桩工作时的实际充电电量。充电桩主板接收用户实际充电要求，控制继电器吸合接触器，充电桩内部充电机输出的高压直流电流过接触器与充电枪，对动力电池进行充电。这时在显示模块上显示车辆充电信息以提醒用户，若出现紧急情况，则可通过急停按钮紧急切断充电电路保护电池。辅助电源的主要作用是在直流充电桩工作时，给主板、显示模块、远程监控等模块供电。另外，在动力电池充电过程中，辅助电源给电池管理系统供电，由电池管理系统实时监控动力电池的状态。

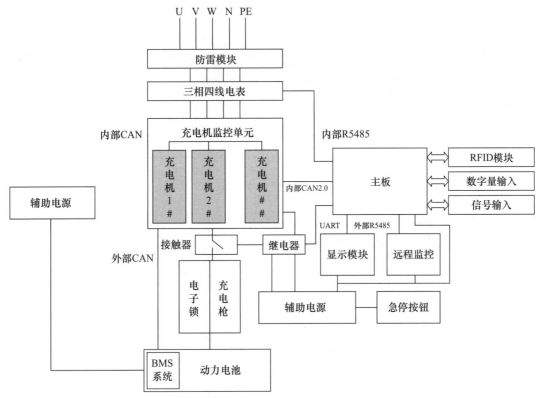

图5.37　直流充电桩电气原理

二、直流充电系统的工作原理

当直流充电设备接口连接到整车直流充电口时，直流充电设备发送充电唤醒信号给电池管理系统，电池管理系统根据动力电池的可充电功率，向直流充电设备发送充电电流指令。同时，电池管理系统控制动力电池内部的高压继电器吸合，动力电池开始充电。

图5.38为直流充电系统控制原理图。从图中可以看到，以直流充电口端面作为分割线，左侧为充电桩及插头，右侧为车辆及直流充电接口电路。充电桩中开关S为常闭开关，与直流充电枪上的机械锁相关联，按下机械锁，开关S就打开。电阻$R1$、$R2$、$R4$连接于CC1检测线路中，$R3$、$R5$连接于CC2检测线路中，总电阻约为1 kΩ；$U1$、$U2$分别为充电桩和车辆控制器提供的参考电压，电压值为12 V。直流充电系统的工作过程可分为准备阶段、自检阶段、充电阶段和结束阶段四个阶段。

1.准备阶段

将直流充电头与直流充电插座连接后，$U1$通过电阻$R1$、$R4$、端子CC1与车身接地形成回路，$U2$通过电阻$R5$、$R3$、端子CC2与充电桩设备接地形成回路，分别完成工作电路的连接。直流充电系统中的非车载充电机控制器监测检测点1的电压值达到4 V时，则可确认充电线路完全连接。

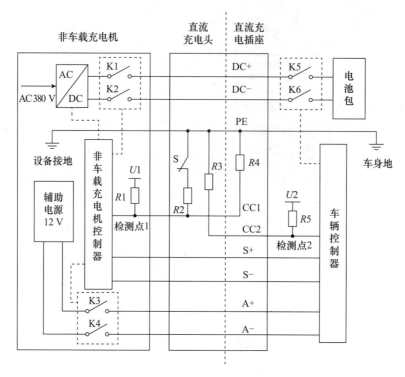

图5.38 直流充电系统控制原理图

2. 自检阶段

充电系统完成连接后，非车载充电机控制器闭合K3、K4，低压辅助供电回路导通，12 V低压电则通过A+、A-端子与车辆形成通路。车辆控制器监测检测点2的电压值，当电压达到6 V时，车辆控制器与非车载充电机之间通过S+、S-这2个通讯连接线发送通讯信号，确认充电准备完成，同时，非车载充电机控制器闭合K1、K2，以进行绝缘测试，保证充电过程的安全进行。绝缘测试完成后，非车载充电机控制器断开K1、K2。自检阶段完成。

3. 充电阶段

车辆控制器闭合K5、K6，充电桩验证充电条件是否满足，即与原数据相比通讯时电压差小于5%，并且车辆电池电压处于非车载充电机最高输出电压与最低输出电压之间，非车载充电机控制器闭合K1、K2，形成直流充电回路。在充电过程中，车辆与非车载充电机会通过S+、S-端子持续地进行数据通讯，并发送实时充电需求，按照动力电池充电状态及时调整充电电压和充电电流。

4. 结束阶段

车辆控制器实时监测动力电池的充电状态或通过是否收到停止充电的指令来判断是否完成充电。当满足充电完成的条件或者接收到驾驶员的停止充电指令时，系统确认充电电流小于5 A后，车辆控制器断开开关K5、K6，非车载充电机控制器断开K1、K2，随后断开K3、K4，完成充电过程。

三、直流充电系统常见故障诊断与排除

1. 常见故障

（1）故障现象：充电桩显示车辆未连接。

故障判断：充电接口CC1端子及其线路故障，充电口CC2端子及其线路故障。

故障排查：

① 检查快充口CC1端子与PE端子之间是否有1000 Ω电阻。

② 检查快充口导电层是否脱落。

③ 检查充电枪CC2端子与PE端子之间是否断路。

（2）故障现象：用解码器读取数据，显示动力电池继电器未闭合。

故障判断：充电桩唤醒信号故障，充电桩与车辆通信故障。

故障排查：

① 检查充电桩输出正极唤醒信号是否正常。

② 检查充电桩输出负极唤醒信号与PE端子是否导通。

③ 检查充电桩S+、S-否正常。

（3）故障现象：用解码器读取数据，显示电池继电器正常闭合，但无输出电流。

故障判断：高压电路故障，充电桩与电池管理系统的匹配有问题。

故障排查：

① 检查充电桩与动力电池管理系统软件版本是否匹配。

② 检查高压连接器及线缆是否正确连接。

③ 用诊断仪查看充电监控状态。

2. 典型案例分析

案例：快充无法充电。具体表现为：起动充电后，车辆高压继电器反复吸合，过后，充电终止，充电桩端显示高压连接故障。

（1）故障原因分析。

① 初步分析，充电连接确认信号CC1或者CC2可能有故障，导致CC1和CC2信号不正常的原因有充电枪电阻不正常、存在电磁干扰影响、CC1与CC2信号电路存在接触不良等。

② 测量充电枪CC1与PE端子的电阻，电阻值约为1000 Ω，正常。

观察周边设施及车辆情况，当前不存在电磁干扰，分析CC2信号异常导致电池管理系统无法正常工作的可能性较大。

③ 测量车辆端CC2端子电压为5 V，CC2线路上的电源来自A+端了，所以下一步测量A+端子电压。

④ 测量车辆端A+端子的电压，为8 V左右，分析可能是由于A+端子电压过低引起电池管理系统工作不正常，取12 V蓄电池模拟充电桩A+端子电源，发现车辆端CC2端子的电压高于6 V，车辆可以正常充电。

（2）故障排查。

① 充电桩低压电源模块空载时输出电压为13 V左右，带载时（负载功率40 W以内，远小于电源模块的额定功率150 W），输出电压为10 V左右（直接在电源模块的输出端口测量），但是在充电枪端测量电压值约为8V，从电源模块输出端到充电枪端，有2 V左右的压降，测量此段线束阻值为0.7 Ω，阻值过大。

② 将150 W电源模块更换为350 W电源模块，并调高模块输出电压后，CC2端子电压高于6 V，车辆可正常快充。

（3）诊断结论。

① 充电桩低压电源模块低负载工作时，工作电压只有10 V左右，电压过低。

② 充电桩12 V辅助电源线束（电源模块输出端至充电枪端之间）电阻过大，达到0.7 Ω，造成A+压降（2 V左右）过大。

📝 任务实施

☞ 任务准备

准备任务实施所需的物料，详细信息见表5.13。

表5.13　物料准备

类别	所需物料
防护用具	人员防护：绝缘工服、绝缘手套、绝缘鞋(靴)、绝缘帽、防护眼镜。 车辆防护：翼子板布、前围垫、车内三件套、一次性脚垫。 场地防护：安全警示牌、安全围栏、绝缘胶垫、二氧化碳灭火器、车轮挡块
设备工具	仪器仪表：万用表、故障诊断仪、兆欧表、示波器。 工具设备：绝缘专用组合工具、直流充电桩。 实训车辆：吉利几何A电动汽车
信息资料	维修资料：吉利几何A维修手册、维修电路图、相关技术标准。 信息资源：课程资源库、厂家网址、网络信息平台

☞ 任务实操

1. 纯电动汽车直流充电桩的操作

以市面上某款主流的直流充电桩为例，介绍采用直流充电桩充电的操作方法。该设备主要用于新能源汽车直流快速充电，集功率变换、充电控制、人机交互控制、通信及计费计量等于一体，具有良好的防尘、防水功能，防护等级达到IP54，可在户外安全运营维护。请按照下述步骤完成直流充电的操作，并填写记录表5.14。

（1）充电桩供电激活的初始界面如图5.39所示，单击"开始充电"按钮，即可跳转到"请连接充电枪"界面。

图5.39 初始界面

（2）在"请连接充电枪"界面中，连接充电枪即跳转到"充电方式"界面，可选择充电模式，如图5.40所示。

图5.40 "充电方式"界面

（3）如果选择"自动充满模式"，则自动跳转到"请刷卡启动充电"界面，如图5.41所示，如果选择其他模式充电，则需要对该模式做简单设定。

（4）图5.42所示为几种充电模式的界面，分别是金额模式、电量模式、时间模式、功率模式，点击输入框可进行设置。

（5）刷卡后进入充电状态，界面上会显示简单的充电信息，如图5.43所示。

图5.41 "请刷卡启动充电"界面

(a) 金额模式　　　　　　　　(b) 电量模式

(c) 时间模式　　　　　　　　(d) 功率模式

图5.42 设置充电模式

图5.43 进入充电状态

（6）自动充电结束后的界面状态，有简单的信息提示界面[见图5.44（a）]，刷卡后跳转到"结账确认"界面[见图5.44（b）]。如果在充电过程中直接刷卡结束，则直接显示结账界面。

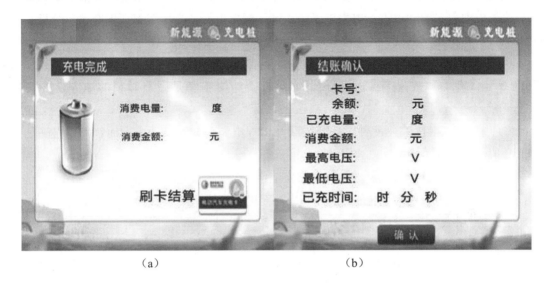

（a）　　　　　　　　　　　　　　　（b）

图5.44　自动充电结束的提示信息

直流充电桩充电操作过程中检查结果请记录在表5.14中。

表5.14　直流充电桩充电操作记录表

序号	操作项目	操作内容/检查内容	检查结果
1	充电桩基本检查	充电桩类型； 充电桩功率； 充电桩输入电压； 充电桩输出电压	_____ _____ _____ _____
2	自动充满模式	进入"自动充满模式"后界面显示的信息	_____ _____ _____
3	其他充电模式	除"自动充电模式"外的充电模式界面显示的信息	_____ _____ _____
4	进入充电状态	充电过程中系统界面显示内容	电压：____　电流：____ 电量：____　功率：____ SOC：____　充电时间：____

2. 直流充电插座线束总成的更换

（1）直流充电插座线束总成更换的注意事项如下：

① 禁止未参加该车型高压系统知识培训的维修人员拆解高压系统（包括手动维修开关、高压电池包、驱动电机、电力电子箱、高压配电单元、高压线束、电空调压缩机、交流充电接口和交流充电线、直流充电接口、电加热器、慢速充电器等）。

② 在开始维修作业前，维修人员必须穿戴好防护用品：戴好绝缘手套，穿好高压绝缘鞋（靴）。在戴绝缘手套前，必须检查绝缘手套是否有破损的地方，要确保手套无绝缘失效。

③ 当拆卸或装配高压配件时，必须断开12 V电源，如整车动力电池包上设有手动维修开关的，还必须断开手动维修开关。

（2）直流充电插座线束总成的拆卸与安装：

下面以吉利几何A电动汽车为例介绍直流充电插座线束总成的拆卸与安装。

① 关闭点火开关，车辆静置5 min以上。

② 打开机舱盖，拆卸机舱装饰罩。

③ 断开蓄电池负极电缆。

④ 断开直流母线（车载充电机侧）。

⑤ 拆卸动力电池底护板。

⑥ 拆卸左后轮罩挡泥板。

⑦ 断开动力电池上的直流充电高压线束连接器。直流充电高压线束连接器如图5.45所示。

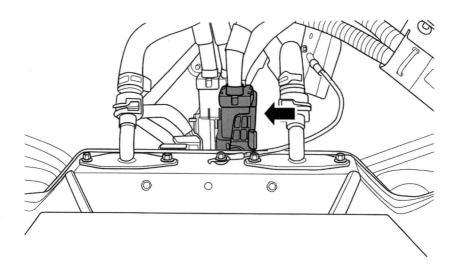

图5.45　直流充电高压线束连接器

⑧ 拆卸直流充电线束后部支架的1颗固定螺母1和2颗固定螺栓2，如图5.46所示。

⑨ 拆卸直流充电线束前部支架的1颗固定螺母1和3颗固定螺栓2，如图5.47所示。

⑩ 断开直流充电插座低压线束连接器。

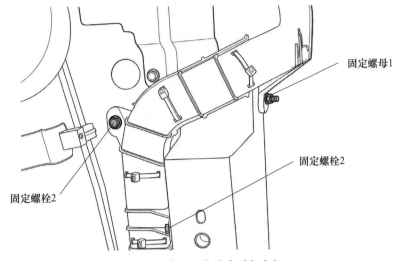

图5.46　直流充电线束后部支架

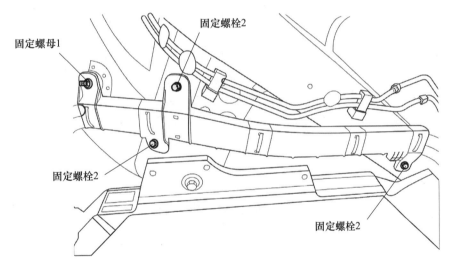

图5.47　直流充电线束前部的支架

⑪ 如图5.48所示，拆卸直流充电插座搭铁线固定螺栓，并脱开箭头指示的6个线束卡扣。

⑫ 打开直流充电口盖，撬开直流充电口盖内的4个固定卡扣，如图5.49所示。

⑬ 拆卸直流充电插座的4颗固定螺栓，如图5.50所示。

⑭ 脱开如图5.51箭头指示的直流充电插座6个线束卡扣，取出直流充电插座线束总成。

⑮ 安装直流充电插座线束总成的程序以以上步骤倒序进行即可。需要注意的是，安装直流充电插座线束总成固定螺栓、搭铁线固定螺栓及直流充电线束支架固定螺母、固定

螺栓时需用9 N·m的标准力矩进行紧固。

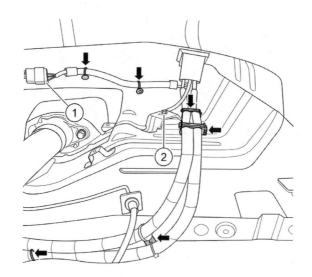

图5.48　搭铁线固定螺栓及线束卡扣

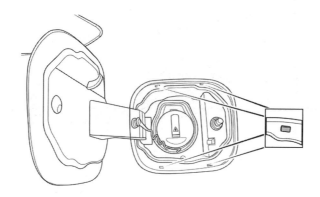

图5.49　充电口盖内固定卡扣

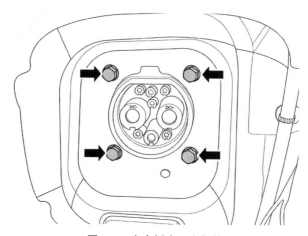

图5.50　充电插座固定螺栓

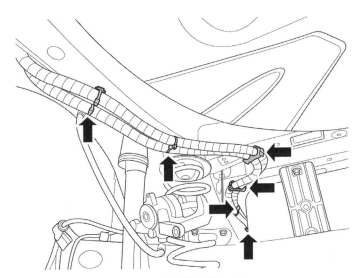

图5.51　充电插座线束卡扣

3. 直流充电系统故障诊断

以吉利几何A电动汽车的直流充电系统故障检修为例进行实操,注意将关键操作步骤、测量方法、测量数据及结论分析填写到表5.17中。

(1)确认故障现象:车辆关闭点火开关,连接直流充电枪到车辆直流充电插座中,观察组合仪表内充电连接指示灯为点亮,但不显示充电信息,车辆无法充电。

(2)读取故障代码:

① 连接故障诊断仪至车辆诊断接口。

② 启动车辆,让电池管理系统处于上电状态。

③ 读取电池管理系统中的故障代码,并记录在表5.17中。

④ 读取的故障代码为P15DF67,参阅表5.15分析故障代码的具体含义。

表5.15　电池管理系统快充故障代码说明表

故障码	说明	故障码	说明
U300616	控制器供电电压低	P159A01	充电口温度传感器故障
U300617	控制器供电电压高	P159B22	充电口过温
P15DE67	不能充电原因,CC2信号异常	P159D01	充电故障:快充设备故障
P15DF67	不能充电原因,快充唤醒电源异常	P15E094	充电故障:快充设备异常终止充电

(3)故障可能部位分析:

① 故障分析。故障现象为连接充电枪后,组合仪表内充电连接指示灯点亮,但车辆不能充电。读取的故障代码为P15DF67,不能充电原因为快充唤醒电源异常。

② 电路分析。查阅吉利几何A直流充电系统电路,如图5.52所示。从图中可以看出,快充唤醒电源为直流充电设备通过直流充电枪连接到直流充电接口,再通过唤醒电源线路

送到电池管理系统模块。

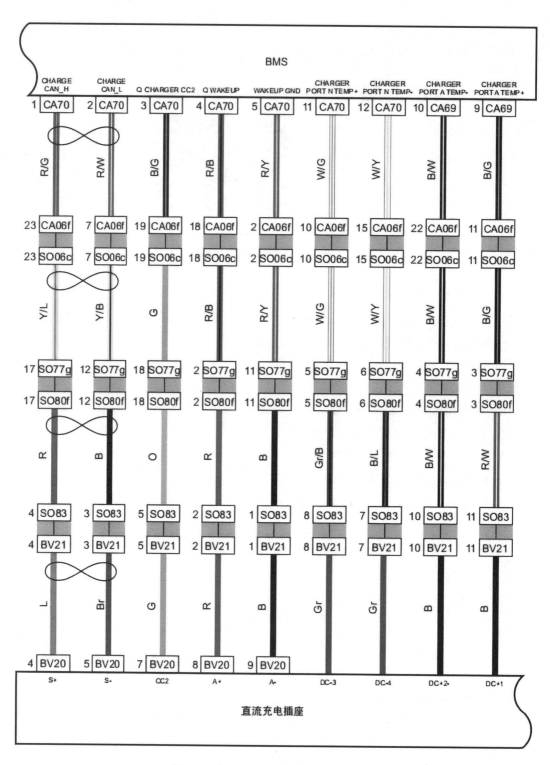

图5.52　吉利几何A直流充电系统电路

③ 故障可能部位。故障代码含义为快充唤醒电源异常，分析唤醒电源电路，可知故障可能部位有：快充设备、直流充电插座、唤醒线路及电池管理系统模块。

（4）测量诊断：

① 关闭点火开关，连接充电枪，启动充电设备。

② 在电池管理系统模块的CA70-4与CA70-5号针脚之间运用背插针方式测量电压，针脚号如图5.53所示，测量值为0 V，标准值应为12～13 V。

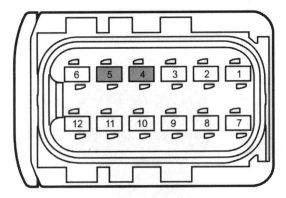

图5.53　电池管理系统连接器CA70针脚图

③ 通过上一步测量，说明充电时电池管理系统模块未收到直流充电唤醒电源信号，拔下充电枪，断开电池管理系统线束连接器CA70，断开直流充电插座线束连接器BV20。

④ 测量两条充电唤醒电源线的导通性，即直流充电插座连接器BV20-8针脚与电池管理系统模块连接器CA70-4针脚、直流充电插座连接器BV20-9针脚与电池管理系统模块连接器CA70-5针脚之间的电阻值，直流充电插座BV20针脚如图5.54所示。唤醒电源线电阻标准值如表5.16所示，实测两条线路的电阻均为0.1 Ω，说明线路正常。

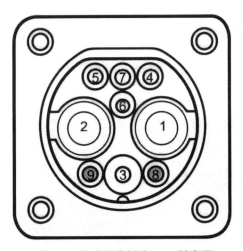

图5.54　直流充电插座BV20针脚图

表5.16　直流快充唤醒电源线导通性标准

测量端子1	测量端子2	标准值	测量端子1	测量端子2	标准值
CA70-4	BV20-8	电阻＜1Ω	BV20-8	车身接地	电阻＞10 kΩ
CA70-5	BV20-9	电阻＜1Ω	BV20-9	车身接地	电阻＞10 kΩ

⑤ 启动快充设备，检测充电枪是否有唤醒信号输出，充电枪唤醒电源端子位置如图5.55所示，测量针脚A+与A-之间的电压值。实测值为12.7 V，说明充电设备输出唤醒电源功能正常。

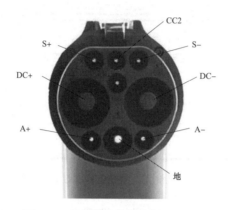

图5.55　充电枪唤醒电源端子位置图

⑥ 诊断结论：由于电池管理系统接收不到充电唤醒电源，经测量充电电源线路正常、充电枪充电唤醒电源端子电源正常，可得出直流充电插座发生故障的结论。

（5）修复故障：

① 故障机理：由于直流充电插座A+、A-端子接触不良或插座内部电路断路，引起电池管理系统模块接收不到直流充电唤醒电源信号，所以连接直流充电枪时组合仪表内充电指示灯点亮，但是快充不能充电。

② 修复故障点：查阅吉利几何A维修手册，按标准流程更换快充充电插座。

（6）验证故障：

① 连接直流充电枪，组合仪表内充电连接指示灯点亮，显示正在快速充电，如图5.56所示。

图5.56　车辆充电

② 连接诊断仪，清除电池管理系统模块存储器的故障代码，再次读取故障代码，显示无故障代码，说明故障排除完毕。

（7）填写作业记录表：

实训操作过程中，请将关键操作步骤、测量方法、测量数据填写到表5.17中，在实训结束后对检测结果进行分析，将分析结果也填写到表中。

表5.17　直流充电故障诊断作业表

序号	操作步骤	操作要点/测量数据	结果判定
1	故障现象确认		故障现象：＿＿＿＿＿＿
2	读取故障代码		故障代码：＿＿＿＿＿＿
3	故障分析		故障原因：＿＿＿＿＿＿
4	测量诊断	测量点1： 测量点2： 测量点3： 测量点4： ……	正常□　异常□ 正常□　异常□ 正常□　异常□ 正常□　异常□
6	故障修复		故障部位：＿＿＿＿＿＿ 修复方案：＿＿＿＿＿＿
7	故障验证		正常□　异常□

任务评估

本任务的技能评价如表5.18所示。

表5.18　直流充电系统检修评价

姓名		班级		日期	
任务	直流充电系统检修		分值	得分	备注
任务准备	安全检查		5		
	工具检查		5		
	防护措施		5		
任务实操	直流充电操作		5		
	直流充电部件拆装		8		
	直流充电故障诊断		10		
	作业记录与实训总结		8		

续表

姓名		班级		日期	
任务	直流充电系统检修		分值	得分	备注
任务完成	故障现象确认		5		
	读取故障代码		7		
	故障分析		7		
	测量诊断		10		
	故障修复		7		
规范操作	操作熟练程度		5		
	正确使用仪表工具		8		
	遵守现场8S管理		5		
总分					

项目习题

1. 填空题

（1）按电池包形态不同划分，换电技术路线主要分为_____和_____两种。

（2）吉利几何A电动汽车在交流充电过程中，充电口上绿色指示灯_____；充电完成时，交流充电口上绿色指示灯_____。

（3）用万用表电阻挡测量交流充电枪CC端子与PE端子之间的电阻为220 Ω，则判定该充电设备的功率为_____kW。

（4）吉利几何A电动汽车能读取交流充电系统故障代码的模块是_____；读取直流充电系统故障代码的模块是_____。

（5）交流充电插座端子CC的功能定义是_____；CP的功能定义是_____。

2. 选择题

（1）电动汽车充电插座的端子中，直流充电接口和交流充电接口都具有的端子是（　　）。

    A. A+　　　　　　　　B. PE　　　　　　　　C. CP　　　　　　　　D. L1

（2）关于直流充电接口端子引脚，说法错误的是（　　）。

    A. DC+为直流电源正　　　　　　　　B. DC-为直流电源负

    C. S+为充电确认线　　　　　　　　D. A+为低压辅助电源正

（3）电动汽车无线充电系统组成部件中，将交变磁场转换为交流电的部件是（　　）。

　　A. 供电组件　　　　　　　　　　B. 充电板

　　C. 车载控制器　　　　　　　　　D. 车载接收板

（4）无线充电的优势是（　　）。

　　A. 设备少　　　　　　　　　　　B. 转换效率高

　　C. 维护成本低　　　　　　　　　D. 充电速度快

（5）直流充电设备输出给车辆的唤醒电源电压等级为（　　）。

　　A. 2 V　　　　　　B. 5 V　　　　　　C. 12 V　　　　　　D. 24 V

3. 判断题

（1）新能源汽车慢充充电时，必须经过车载充电机将外部输入车辆的交流电转换为直流电，才能为动力电池充电。　　　　　　　　　　　　　　　　　　　　　　　（　　）

（2）直流充电桩是指固定安装在电动汽车外、与交流电网连接，采用传导方式为电动汽车车载充电机提供交流电源的供电装置。　　　　　　　　　　　　　　　　　（　　）

（3）吉利几何A电动汽车交流充电枪紧急解锁拉环位于后备厢内。　　　（　　）

（4）直流充电桩由整流装置、直流输入控制装置、直流输出控制装置和直流充电管理装置组成。　　　　　　　　　　　　　　　　　　　　　　　　　　　　　　　（　　）

（5）拆装检修动力电池充电系统时必须断开12 V电源，如整车动力电池包上设有手动维修开关的，还必须断开手动维修开关。　　　　　　　　　　　　　　　　　（　　）

4. 简答题

（1）简述新能源汽车换电的流程。

（2）简述交流充电的工作过程。

（3）总结新能源汽车充电系统故障诊断的关键步骤。

参考文献

[1] 北京中车行高新技术有限公司职业教育培训评价组织. 智能新能源汽车职业技能等级证书智能新能源汽车职业技能考核（初级）培训方案准则[M]. 北京：高等教育出版社，2019.

[2] 北京中车行高新技术有限公司职业教育培训评价组织. 智能新能源汽车职业技能等级证书智能新能源汽车职业技能考核（中级）培训方案准则[M]，北京：高等教育出版社，2019.

[3] 陈健健，李春鹏，谢军. 新能源汽车动力电池及电池管理系统检修[M]. 北京：高等教育出版社，2022.

[4] 董铸荣，张凯. 电动汽车动力电池技术[M]. 北京：北京理工大学出版社，2021.

[5] 李亚莉. 新能源汽车动力电池及管理系统检修[M]. 上海：复旦大学出版社，2021.

[6] 宋志良，孙凤霞，胡望琴. 新能源汽车动力蓄电池及管理技术[M]. 北京：高等教育出版社，2023.

[7] 唐晓丹，庞晓莉，吕灶树. 动力电池及能量管理技术[M]. 上海：华东师范大学出版社，2021.

[8] 魏星. 新能源汽车动力电池及管理系统检修[M]. 北京：机械工业出版社，2023.

[9] 解福泉，钟原，马丽. 新能源汽车动力电池及管理系统检修[M]. 北京：机械工业出版社，2023.

[10] 徐艳民. 电动汽车动力电池及电源管理[M]. 北京：机械工业出版社，2015.

[11] 杨光明，陈忠民. 电动汽车动力电池及管理系统原理与检修[M]. 北京：化学工业出版社，2019.

[12] 曾鑫，刘涛. 新能源汽车动力电池与驱动电机[M]. 北京：人民交通出版社股份有限公司，2017.

[13] 张凯. 动力电池管理及维护技术[M]. 3版. 北京：清华大学出版社，2024.

[14] 左小勇，袁斌斌. 动力电池管理及维护技术[M]. 天津：天津科学技术出版社，2016.